社会表演与文化治理

周淑红 / 著

北方文藝出版社
· 哈尔滨 ·

图书在版编目（CIP）数据

社会表演与文化治理 / 周淑红著. -- 哈尔滨 : 北方文艺出版社, 2024. 8. -- ISBN 978-7-5317-6394-9

Ⅰ. G123

中国国家版本馆CIP数据核字第2024R0X311号

社会表演与文化治理

SHEHUI BIAOYAN YU WENHUA ZHILI

作　者 / 周淑红

责任编辑 / 富翔强

封面设计 / 陈姝

出版发行 / 北方文艺出版社

邮　编 / 150008

发行电话 /（0451）86825533

经　销 / 新华书店

地　址 / 哈尔滨市南岗区宣庆小区 1 号楼

网　址 / www.bfwy.com

印　刷 / 三河市中晟雅豪印务有限公司

开　本 / 710毫米 × 1000毫米　1/16

字　数 / 155 千

印　张 / 12.5

版　次 / 2024 年 8 月第 1 版

印　次 / 2024 年 8 月第 1 次印刷

书　号 / ISBN 978-7-5317-6394-9

定　价 / 58.00 元

前　言

剧场是理解城市的一个典型社会空间。它作为文化生产空间，不仅是物质的存在，也是精神的存在，同时也是社会关系的容器。剧场不仅是一个传统的地理学意义上的概念，也是一个一个动态的实践过程。“剧场”作为一个具象化、微型化的社会空间，可以从中看出社会秩序的建构过程。本书是笔者在一学期内对江苏大剧院调查的基础上写的。

本文由绪论，正文三章构成。

绪论简单谈了一下田野缘起、通过剧院理解城市的可行性，以及用的研究方法。

第一章谈江苏大剧院的整体情况，江苏大剧院投资巨大，而且外观是标志性的建筑，这是适应近年来国家的文化政策，在全国各地兴建大剧院这股潮流中建起来的，大剧院一般都是政府的工程，用来展示国家或者地区的形象。江苏大剧院的宗旨定位是：人民性、艺术性和国际性，它从未开幕到开幕都需要展示它事先构想好的形象,本文用了“社会表演”这个词。

第二章主要谈江苏大剧院的日常。这一章可以看作是“社会表演”在日常的扩展，江苏大剧院不仅仅是一个提供表演这一艺术行为的空间，它的剧目引进、营销推广也可以放到表演的范畴。这一章主要是笔者在田野过程中获得的材料，为了直观地展现江苏大剧院的日常，笔者把很多材料作为案例放在这一章，这部分也可以看成是艺术管理的内容。

第三章把江苏大剧院放到南京这个城市的语境中，从城市、剧院与人之间的互动，从社会这个大背景下来审视江苏大剧院。第一节主要谈地方与全球化之间的互动，在全球化时代，江苏大剧院通过自制剧目来进行“地方性”的生产。第二节谈政治、经济和文化这三者在江苏大剧院身上的体现，这三者有复杂的交集，“文化治理”这个概念比较能体现江苏大剧院作为一个提供文化消费的地方它独特的功能。第三节试图分析在南京这个城市中的人对大剧院这个被主流意识形态定义的空间有多少能动性。

结语试图反思真正意义上的全球化时代的、体现现代精神的大剧院应该是怎样的。

目 录

绪　论

第一节　田野缘起

我第一次走进江苏大剧院是 2017 年 8 月，观看歌仔戏《蓬莱大仙》，那时候是它刚刚开幕。从南大仙林校区出发，地铁坐了很长时间才到奥体中心站。下了地铁，走了一段路，还没到达，远远就能看到灯光闪烁着的剧院，非常醒目，一派辉煌的模样。

《蓬莱大仙》是明华园戏剧总团的歌仔戏，是它连演千场以上的招牌大戏。一开场便是衣着华丽的神仙们腾云驾雾登台，场景不仅糅合现代剧场的调度节奏，更配合多媒体高清投影与 3D 动画制造立体云景。《蓬莱大仙》改编自八仙传说中李铁拐“借尸还魂”的故事，讲述了神仙界武功高强的第一美男子李玄，因狂妄自大而最终失去俊美的容貌，孤独地登上蓬莱仙岛悟道成仙的故事。剧情巧妙融入“满招损，谦受益”的警世之意，轻松幽默的同时发人深省。与往常对神话故事的处理相比，《蓬莱大仙》把神仙的性格塑造得更加人性化了，神仙不再是快快乐乐地开悟成道，而是在经历了种种转折、教训、挣扎之后，方才能得道成仙。李玄的结局看似很圆满，但他经历的转折过程、面对的不可抗拒的命运，却是悲凉、无奈而沉重的。《蓬莱大仙》的演出阵容集合了明华园总团的精英，李玄的扮演者更是大名鼎鼎的头牌“无敌小生”孙翠凤，表演大气灵动、细腻自然，名角的“范儿”显露无遗。值得一提的是，此次《蓬莱大仙》同时也是江苏大剧院开幕首次爱心公益演出，特别邀请了南京河西建环环境服务有限公司的环卫工人代表及南京同心未成年人保护与服务中心的孩子与志愿者前来欣赏。

2018 年 9 月的一天，我在网上看到江苏大剧院招实习生，然后就报名了，过了几天，被通知面试，我坐地铁过去将要到达的时候，接到剧院人事处的电话，说一开始没看清楚我的简历，问我有没有学生证？我说没有，但是以前的学生证都在。人事处的工作人员在电话里让我不要去了，没有有效期内的学生证不能招我做实习生。我说既然快到了，还是让我来面试一下吧，人事处的人说随便你。到达剧院的行政楼，人事处的工作人员先带领来面试的同学去食堂用餐，在食堂用晚餐的时候，我跟人事处的几个工作人员说自己是来学习的，因为我以前学的是戏剧，属于艺术学领域，现在在学社会学，不能一天到晚泡在图书馆，需要实践一下，不介意有没有劳动报酬，希望剧院可以给我一次学习的机会。人事处的工作人员表示很理解，但是我没有学生证，如果来做实习生不符合用工条例。那天面试的主要内容是现场采写，那一晚 7 点半江苏大剧院的国际报告厅将上演俄罗斯圣彼得堡赛蒙扬奇剧团的默剧《瞧这一家人》，实习生将看这个戏剧，然后写一篇评论，要求在第二天早上 7 点之前发送到一个指定的邮箱，然后就根据写的评论的水准来决定招谁来实习。人事处的一个工作人员向我明确表达了不能来实习的意思，在食堂吃完晚饭，她问我还想不想参加接下来的现场采写。当时我想，既然坐了那么长时间的地铁来了，那免费看个戏也是好的，然后留了下来。

人事处工作人员先带领大家（来面试的实习生基本是中国传媒大学南广学院的大四学生）参观了一下剧院，然后到了 7 点过一点的时候，俄罗斯圣彼得堡赛蒙扬奇剧团的小丑演员们来到剧院大厅和观众合影和互动，这应该是一种宣传策略，7 点半，演出开始了，我在台下欣赏了一场默剧表演，坐在我周围的实习生拿出笔和纸时不时记录一些，为了等一会儿要交的评论，当时我想：既然实在不行，不符合规章制度，那就算了，免费看一场戏也是挺好的。看完戏之后，我回了学校。

第二天早上，江苏大剧院推广营销部的一个工作人员小爽打电话给我，问我昨天面试得怎么样，我把实情告诉了她，说因为没有学生证，不能来实习。她当时挺为我打抱不平的，觉得人事处的做法非常教条，不懂得变通。后来在小爽的帮助下，我得以以志愿者的身份进入江苏大剧院的推广营销部。

一开始进入推广营销部，我没有跟任何人说什么“做田野”，但是说了一个让别人更加信服的理由：为了免费看戏。小爽跟我说，剧院招实习生，一般是把实习生当廉价劳动力来使用，实习生每周需要来剧院坐班三到四天，一个月有一千元的工资，小爽说，实际上这是一种对学生的压榨。不过，来实习的学生一般是大四或研三的，他们也大多是为了一张实习的证明。小爽安慰我说，不当实习生也好，做志愿者，时间上更加自由，可以写一点微信推送文章，按稿费算，一个月拿的不会比实习生少的。于是，我在江苏大剧院的推广营销部比较自由地做志愿者。这里的工作主要有这样一些：

1. 日常微信撰写，主要内容包含：演出剧目推荐、鉴赏、剧评、普及、剧院大小活动。

2. 日常新闻通稿撰写：剧院大小活动的现场采访，后期配合媒体需求准备素材。

3. 演出前，开票时所需要做的是：①撰写剧目开票的微信和通稿 ②整理上架信息文字，给票房上架 ③节目单、节目册的文字撰写、翻译、制作对接 ④编辑宣传视频的文字 ⑤户外广告设计的确认与对接。

4. 演出推广期间，与营销项目人拟定活动方案和创意，与经纪公司协调线下活动、宣传推广的可行性，能争取到的支持、场地和将涉及的媒体等细则，撰写现场活动的宣传文稿并配合营销部门做好线下售票等活动。

5. 推广方案确立后，与营销项目人共同统筹线下活动。

6. 演出日，布置现场宣传物料、进行扫码发单页的现场宣传活动，编辑演出夜现场微信。

7. 文创产品的对接。

一段时间下来，因为志愿者的身份，一方面时间自由，另一方面没有任何责任和义务，只是在别人需要你帮忙的时候辅助一下，进入不了大剧院的内部和核心。所以这篇论文是基于我作为一个外部人，在田野调查基础上对于江苏大剧院的一点观察。

第二节　剧场与城市

20世纪后半叶，人文社科研究经历“空间转向”是一个不争的事实。福柯强调过空间的重要性：“空间是任何公共生活形式的基础，是任何权力运作的基础。”[1] 法国新马克思主义哲学家亨利·列斐伏尔在1974年出版的《空间的生产》一书中强调：空间不是观念的产物，而是政治经济的产物，是被生产之物。列斐伏尔的这种视角是一种社会建构论的视角，不过，社会建构论视角并不是列斐伏尔开创的，它实际上是整个结构主义思潮的底蕴，即不存在给定的社会事实，只存在由事件建构的社会现象。亨利·列斐伏尔提出：空间不是简单意味着的几何学与传统地理学，而是个社会关系的重组与社会秩序的建构过程；它不是一个抽象逻辑结构，也不是既定的

[1] ［法］福柯：《空间、知识与权力》，载包亚明主编：《后现代性与地理学的政治》，上海教育出版社2001年版，第13-14页。

先验的统治秩序，而是一个动态的实践过程，空间不仅是被生产出来的结果而且是再生产者，强调“我们已经由空间中事物的生产转向空间本身的生产”。[1] 这便导致了空间的拜物教化，例如对资本友好型的景观的追求。

社会建构视角打开了多样性的城市理解方式。20 世纪 80 年代以来，诸如哈维关于资本主义与城市化关系的研究、索亚之后现代地理学主张、各种女性主义视角的城市化研究，以及更广泛的“地理学想象”之创见，为对城市的理解提供了许多洞见，改变了人们的城市认知、地理学知识和城市规划观点。可以说,从社会空间的角度来理解城市,构成了今天的主流。不过，这也导致一个难题，就是在城市问题上不存在确定的规律，而只有“空间的社会建构”这个基本的主题。经济、政治、文化在城市形成过程都具有自己的独特作用，文化中的价值观、意识形态、科学等内容也有各自的影响。在不同的地方，在不同的历史阶段，各种力量是如何具体地发挥作用的？人要改变它们的可能性和现实性又如何？这些问题的答案高度地依赖情境，不是固定的。

剧场是理解城市的一个典型社会空间。它作为文化生产空间，不仅是物质的存在，也是精神的存在，同时也是社会关系的容器。剧场不仅是一个传统的地理学意义上的概念，也是一个一个动态的实践过程。“剧场”作为一个具象化、微型化的社会空间，可以从中看出社会秩序的建构过程。

剧场与这个时代的政治、经济、文化结合在一起，不能把它从特定的社会状况中孤立或者游离出来，它与所生存的环境紧密相关。剧场通常位于城市中，因而，在某种程度上，剧场被视为城市进程的症候表征，广泛

[1] ［法］亨利·列斐伏尔：《空间：社会产物与使用价值》，载包亚明主编：《现代性与空间的生产》，上海教育出版社 2001 年版，第 47 页。

展示了整个城市的结构、社会动态以及政治和经济状况。“剧场展示城市进程，因此，剧场也是城市进程的一部分，生产城市经验并由此生产城市本身。”[1]

美国建筑学家刘易斯·芒福德提出，城市是一座舞台，其上演的每台戏剧，都具有最高程度的思想光辉，明确的目的和爱的色彩。通过激动人心的表演扩大生活的各个方面的范围，是历史上城市最高的职责。[2]在他看来，城市就是“社会活动的剧场”，艺术、政治、教育、商业等活动都是为了让“社会戏剧更具有影响力，精心设计的舞台能够尽可能地突出演员们的表演和演出效果”。[3]芒福德是从社会剧场角度阐释城市与戏剧的关系，从剧场社会学角度，剧场的意义不仅仅在于剧场本身，而在于它突破现实和虚构之间的边界，和生活、和世界产生关系。

作为一个符号空间，剧场实践所指涉的符号再现、表征或表意本身就是一种行为实施过程，所有符号使用都是一种“述行”(performative)，[4]符号活动本身嵌入和参与了社会文化过程，它塑造现实并被现实所塑造，是整个生活构成中的一部分，而不是外在于生活和社会的另一独立系统，简言之，城市是剧场的孕育母体，剧场是城市社会的表征，通过观察剧场内

---

[1] Jen Harvie, Theatre & the City,Hampshire: Palgrave Macmillan, 2009, p.7

[2] [美]刘易斯·芒福德著，宋俊岭、倪文彦译:《城市发展史——起源、演变和前景》，中国建筑工业出版社2005年版，第586页。

[3] [美]刘易斯·芒福德:《城市是什么?》，载许纪霖主编:《帝国、都市与现代性》，江苏人民出版社2006年版，第191页。

[4] “述行”最初由英国哲学家约翰·奥斯汀(1911-1960)所提出的言语行为理论里的一个重要概念，后被广泛用于哲学、社会学、语言学、文学研究等学科的研究中，“述行”也被说成施行、行为、施事、表演。参见汪民安:《文化研究关键词》，江苏人民出版社2007年版，第320页。

的表演以及剧场本身的表演（行为），可以认识这个城市与社会，可以认识这个时代。

一个城市或区域的大剧院是这个地方实力发展的核心指标，作为特定的艺术与意识形态空间，它集中反映了这个城市以及这个时代的潮流。通过观察一个城市中的大剧院空间的生产与再生产实践，把可以操作的感知信号系统组织起来，或许可以描绘出这个时代与社会的蛛丝马迹。

这篇论著是在为期一学期的田野调查的基础上写的，主要运用的是文化人类学的参与式观察的方法，结合了社会学、文化研究、人类表演学、戏剧理论、艺术管理等学科的理论与方法，试图以综合学科来建构一种戏剧文化学理分析模式。

第一章

江苏大剧院的呈现

第一节　视觉呈现

一、投资巨大

江苏大剧院（Jiangsu Centre for the Performing Arts），位于江苏省南京市建邺区梦都大街181号，东接河西中央商务区和南京奥体中心，西临江心洲和长江，与江北新区隔江相望。它占地面积约20万平方米，建筑总面积27万平方米，是中国最大的现代化大剧院，亚洲最大的剧院综合体。河西新城作为华东第二大CBD，以一横一纵两条轴线——文体轴和商务办公轴作为主体框架，大剧院在河西中心区东西向文体轴线西端，比邻长江，与奥体中心相望。项目基地东侧有江苏省妇女儿童活动中心、金陵图书馆、国际礼拜堂、艺兰斋美术馆及地铁奥体中心站、地铁松花江路站，北侧是梦都大街，南侧为奥体大街，西侧隔着扬子江大道（滨江快速路）地面辅路与滨江公园相望。该地块对于自然景观以及城市空间层面均具有极为重要的地位。从自然景观层面，建筑位于潮起潮落的长江江畔，需要与邻近的滨江公园保持融合的关系；从城市空间层面，作为文体轴通向江边的“收段之作”，既要保证建筑布局相对紧凑，又不宜过于完整而阻断了轴线的延续。因此，在江苏大剧院的设计过程中，将“水”这一美学意向贯穿始终，且采用了偏中轴的单元组合式建筑空间布局，契合了场地需求。江苏大剧院南北长约370米，东西宽约260米，口高27米，总建筑面积26，1482.6平方米，由四个“水滴”状体量组成，通过动感曲线连接，形成浑然一体的流线型。“水滴”造型作为建筑主体的基本形体单元，下小上大的形态本身即带来一种充满张力的“拉伸”感。从视觉上，单元形态间的相互关系非常好地控制了较大范围的基地环境。“水滴”于顶部向中心倾斜，在建筑屋面呈现出花瓣状的肌理，营造出如“荷叶”上滚动“水滴”的有趣效果。大大小小的“水滴”也巧妙地容纳了歌剧厅、音乐厅、戏剧厅、综艺厅、多功能厅、位于各演艺场馆之间的共享空间以及配套服务区共七个区域。建筑表皮则采用了较为柔和的钛合金板覆盖，其上镶嵌了曲面玻璃构成的“飘带”，内部灯光效果透过玻璃，显现出灵动与变化感，使其在夜幕下熠熠生辉。

江苏大剧院的英文翻译 Jiangsu Centre for the Performing Arts，意思是表演艺术中心，表演艺术中心是西方剧场史的一种剧场建筑类型。在西方剧场史上，表演艺术中心最早是在美国出现的一种观演建筑类型，林肯演艺中心（1970 年落成）是最先建成的，它包含了大都会歌剧院、爱乐交响音乐厅、州立剧场、博蒙特剧场、露天剧场等，采取了分散布局的方式。接着 1971 年，肯尼迪表演艺术中心（John F. Kennedy Center for the Performing Arts）落成于美国华盛顿，它由歌剧院、话剧院、音乐厅、实验剧场、儿童剧场和电影厅这些大小不同、功能不同的剧场构成，可以满足歌剧、话剧、音乐剧、小剧场戏剧、室内乐、交响乐等各种演出需求，采取了集中布局的形式。所以，表演艺术中心指的是一种将各种专业化剧场聚集在一个建筑综合体内的建筑类型。“1970 年开始，表演艺术中心开始在全世界范围内扩散，在北美、欧洲、亚洲，都先后出现了此类剧场建筑类型。……专业化剧场是表演艺术中心的出发点。即每一种表演艺术都应该有自己单独的演出场所。”[1]

我国的大剧院，英文名叫“表演艺术中心”（Center for the Performing Arts），中文名叫“大剧院”，说明它在功能上是为不同类型的表演艺术提

[1] 卢向东：《中国剧场的大剧院时代》，《世界建筑》，2011 年第 1 期。

供演出场所的多功能建筑综合体，它的核心意义来源于表演艺术中心；而在外观上，它是很“大”的，“大”反映的是它的视觉形象。“表演艺术中心”这个功能性词汇没有在我国流行开来，而代之以“大剧院”这种说法，显示出中国城市对于形式的注重。

中国城市对于“最”或者“第一”这种词汇有着偏执狂般的追求，中国城市向来虚荣心比较强，会把钱投注到看得见的地方。江苏大剧院在外观上追求“中国最大的现代化大剧院”“亚洲最大的剧院综合体”。江苏大剧院有歌剧厅、音乐厅、戏剧厅、综艺厅。2200 座位的歌剧厅以歌剧、舞剧类节目表演为主，其设施足以满足世界顶级剧目的演出需求。来这里，感受史诗般的辉煌气魄。音乐厅拥有 1500 个座位，以大型声乐、器乐表演为主。厅内拥有世界一流的管风琴。1000 座的戏剧厅主要演出传统戏曲、话剧等。综艺厅为江苏大剧院最大的一个厅，拥有 2700 个座位，可举办各类综艺节目、大型活动。四个厅以外，江苏大剧院还有 780 座的国际报告厅，配备会议视听、展示设备，可以举办国际性文化交流活动。375 座的多功能厅以舞台表演为主，座位及设备配置灵活多变，同时具备会议功能。除了专业厅外，江苏大剧院还设有美术馆、电影院、录音棚、摄影棚等文化设施，演出、展览、讲座、体验……它所呈现的不仅是城市中的一座剧院，也是剧院中的一座城。为了维持规模和形象，它把其他的文化设施项目纳入进来，把自身展现成是一座文化综合体。

建造大剧院的投资一般都非常多，比如国家大剧院的公开造价是 38 亿，江苏大剧院的公开造价是 20 亿，上海大剧院的公开造价是 12 亿。因为大剧院占地面积大，规格高，还会有大量的闲置空间，支出必然大。而且这也和当前中国的大剧院中追求舞台设施的高科技有关，特别是歌剧院，对舞台机械设备的要求非常高，大多采用了拥有复杂的舞台机械和舞台配置的德国式的品字形舞台。另外，大剧院的外观要设计成带有独特性质的、标志性的形象，造成它造价骤升。比如国家大剧院的外形是一个鸡蛋壳，巨大的半球仿佛生命的种子，里面孕育着生命，设计灵魂是："外壳""生命"和"开放"。上海大剧院的外形像聚宝盆，象征着上海吸纳世界文化艺术的博大胸怀。建筑的构思为"天地之间"，被设计师定位为"开放的宫殿"，这类标志性设计使得工程上的投资大大增加。但是，除了令人惊叹的建筑造型，这些投资巨大的大剧院又给当地文化注入了多少活力？

二、标志性建筑

江苏大剧院由华东建筑设计研究总院负责设计，设计宗旨来自"水"，与南京"山水城林"的地域特色相吻合，又因为靠近长江，所以也试图表达"水韵江苏"和"汇流成川"的理念。江苏大剧院总体设计是"荷叶水滴"造型，四颗"水滴"从顶部向中心倾斜，建筑屋面上有花瓣状的肌理，形成了一组柔和壮美的现代艺术建筑群。而四颗水滴就是江苏大剧院的四个功能区，包括歌剧厅、戏剧厅、音乐厅、综艺厅等。为配合南京奥体中心两道醒目的红色拱门带，江苏大剧院"水滴"的颜色呈现为蓝白渐变色，蓝白渐变也代表了南京雨花石的条纹。空中俯瞰，好像水珠飘在绿野上，既体现出水韵江南的文化意蕴，又彰显汇流成川的包容胸怀。

"荷叶水滴"的造型是为了凸显江苏大剧院的标志性。关于剧院的标志性的著名案例，不能不提悉尼歌剧院。悉尼歌剧院的外形就好像即将乘风出海的白色风帆，和周围的景色相映成趣。它不仅是悉尼文化艺术的殿堂，更是悉尼的灵魂和象征，成为悉尼甚至澳大利亚的标志。它在 2007 年 6 月

28日被联合国教科文组织评为世界文化遗产。悉尼歌剧院身上体现的不仅仅是作为剧场的功能价值，更重要的是它的文化价值、旅游和商业价值。

国内各地大剧院在外形设计上也是非常注重标志性，下面是从公开媒体收集的各大剧院的设计理念：

国家大剧院：蛋壳，巨大的半球仿佛生命的种子，里面孕育着生命，"外壳""生命"和"开放"，也有人认为这是"一滴晶莹的水珠"。

上海东方艺术中心：五片"花瓣"组成，或者说是类似树桩的基座，观众厅从基座面显露，如同树木破土而出（先有树桩截面说，后有玉兰花瓣之说）。

东莞大剧院：芭蕾舞女演员的优雅舞姿或者乐队指挥的指挥动作 。

杭州大剧院：当年加拿大设计师卡洛斯在为杭州大剧院设计时，美丽的西湖让他突发奇想，"明月戏珠"的造型构思由此而成。

河南艺术中心：五个椭圆体由古代乐器陶埙造型演变而来；艺术墙似黄河波涛翻卷的浪花，仿如我们的母亲河，穿越并见证了中华上下五千年文明史。

绍兴大剧院：绍兴水乡民俗文化特色——乌篷船。

温州大剧院：其建筑构思源于"金色的鲤鱼"。在平面设计俯视图上看整个剧院，形如一条巨大的金黄色鲤鱼在大地上游弋。

山西大剧院：山西之门。

广州歌剧院：圆润"双砾"。

重庆大剧院：像帆船，还像岩石，符合重庆的定位。

琴台大剧院：古琴新韵。

无锡大剧院：想象成停栖在花园里的蝴蝶。[1]

举其中的一个例子，绍兴大剧院的乌篷船造型显而易见是为了充分显示出绍兴的乌篷船特色，它其实也是仿效悉尼歌剧院建的。借古本是不错的想法，但从实际效果来看，不仅形式上的模仿难尽如人意，更重要的，乌篷船之乌篷形式不仅在意象上不具有悉尼歌剧院风帆之普遍性的奋进向上隐喻，而且“三乌文化”作为地方性的文化，除乌干菜外，乌篷船和乌毡帽只是作为纯粹的记忆才在今天显示其价值，这种把文化固定在某种传统之上的本质主义做法并不可取，因为它没有把传统升华，所以是缺乏想象力的。

各地大剧院在建筑上对标志性的推崇恰好也体现出当下这个“景观社会”的追求。法国理论家德波在他著名的《景观社会》一书中，开篇便说：“在现代生产条件占统治地位的各个社会中，整个社会生活显示为一种巨大的景观的积聚（accumulation de spectacles）。直接经历过的一切都已经离我们而去，进入了一种表现（representation）。”[2] 这句话是对马克思《资本论》（第一卷）第一句话的改写，在那本书中，马克思说，资本主义生产方式占统治地位的社会的财富表现为“庞大的商品堆积”，从而强调“商品”生活在这个社会的形成和发展中的基础地位。德波这一改写，意味着资本生产改变了自身的基础，它已经从商品进化到景观。

当前各地的大剧院，了解当下各地大剧院设计的选择和决策的人都知道，是主管权力部门决定了当前大剧院的状态。作为大剧院形象的标志性问题，也不例外。

---

[1] 卢向东：《中国剧场的大剧院时代》，《世界建筑》，2011 年第 1 期。

[2] ［法］居伊·德波著，张新木译：《景观社会》，南京大学出版社 2017 年版，第 3 页。

笔者查阅江苏大剧院内部资料，了解到这座剧院的方案经过了很多次。有这样几次：

1.江苏大剧院第一次设计方案

专家论证时间:2015年6月18日,会议地点:江苏省文化投资管理集团,专家:梁勇、徐宁、高云贺、郭渊、张玉飞、黄信、汪政、葛庆文、薛颖旦。

方案进展：会议上展示了江苏大剧院标志设计方案，汇报在设计过程中调研分析的国内外著名剧院标志设计，考察整合江苏的地域文化特征：水韵灵动，长江文明，山水城林，多元包容。江苏大剧院的设计理念取自于建筑特征和地域特征。与会专家提出江苏大剧院是国际化的平台，突出建筑主体特征,突出艺术机构的特殊属性。标志设计需要加强识别性,达意,唯美，将音乐元素，水文化融入进来。

方案数量：标志设计方案8个，其他备选方案36个。江苏大剧院吉祥物设计5套方案。

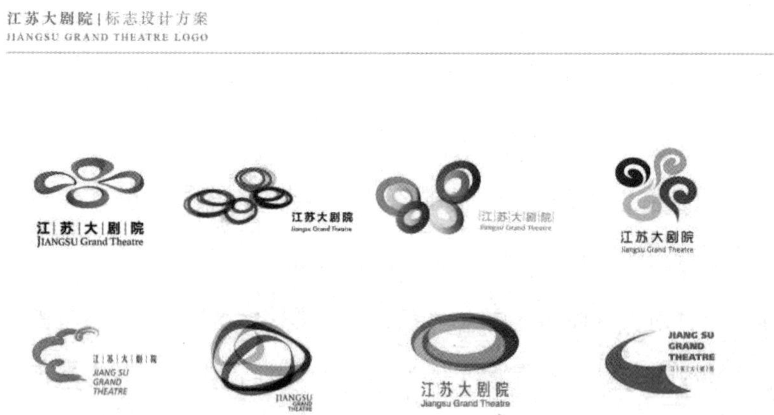

江苏大剧院第一次设计方案汇总图

2. 江苏大剧院第二次设计方案

专家论证时间:2015年6月29日,会议地点:江苏省文化投资管理集团,专家:梁勇、徐宁、高云、周京新、何晓佑、倪建林、时澄、贺超兵。

方案进展:会议上重点分析了以建筑元素为主的国内外剧院标志设计案例,以及其他的形式的设计案例。通过对建筑理念从外形、地理、功能、时代特征等方面的剖析,设计原则立足于统一性和世界性,标志设计的文化理念为水韵自然、百花齐放、多元包容。重点介绍了三套设计方案,并配以动态演示的视频。方案一是从建筑立面平视的角度勾勒大剧院的建筑特征。圆润的曲线象征着水和荷叶的元素,律动的曲线把四个圆形勾勒成一个整体,表现大剧院多功能融合的艺术平台。方案二是从大剧院建筑模型,动态表现大剧院艺术的魅力,枯笔效果表现了水滴、荷花、构成圆润的江南文化内涵。方案三是融合"水韵江苏""水滴荷叶"的建筑理念,整体饱满柔和,尽显水韵人文。标志同时加入音符元素与剧院外形巧妙结合,灵动的曲线除了呼应建筑本身的外形,也体现水的律动美,人与艺术、自然相融合的艺术美感。

这三套方案,每个方案围绕自身的设计理念衍生出3种不同的拓展形式。

与会专家提出江苏大剧院标志设计需要凸显艺术机构定位,庄重稳定,标识性需要加强。会议确定了江苏大剧院的主题文字采用设计字体,否定了书法字体的提议。与会专家对三组方案提出了细节调整的建议。

方案数量:会议上主推标志设计方案3个,衍生方案9个,其他备选方案30个。

江苏大剧院第二次设计方案汇总图

3. 江苏大剧院第三次设计方案

专家论证时间:2015年7月23日,会议地点:江苏省文化投资管理集团,

专家:梁勇、徐宁、高云、管向群、过伟敏、邬烈炎 、廖军、速泰熙、崔天剑、孔老师、赵清。

方案进展：会议上提交了江苏大剧院文字设计方案5套，其中2套是以标准字为基准设计的，另外3套字体设计更具剧院特征的创意字体。吸取第二次专家提出的建议，标志做了相应的修改。

会议上主要推出了四套设计方案，并每个方案围绕自身的设计理念衍生出3种不同的拓展形式。方案一提取江苏大剧院的外形，用曲线勾勒出江苏大剧院的四个主要的功能厅。标志将江苏的英文缩写字母“j、s”巧妙地融入建筑的流线型中。方案二在之前的基础上调整了标志中的曲线造型，增强了动势。方案三是由第二次开会的备选方案中被专家挑出，圆润的曲线勾勒出了“j、s”字母，律动的曲线也勾勒出整体的大剧院的建筑。

第四个方案是对于第二次开会时的方案二做了修改和调整，调整了标志的形态，更为贴合大剧院的建筑特征。

与会专家提出对于四套方案均各自提出了修改的意见，并更倾向于方案二，认为方案二的设计构思融入了水的韵律、舞步的滑动、音符的变奏、希望继续深入设计，让标志呈现新颖、精确、简约、凝固的多形态美感。

方案数量：会议上主题标志设计方案4个，衍生方案12个，江苏大剧院文字设计方案5个。

江苏大剧院第三次设计方案汇总图

大剧院字体设计

江苏大剧院第三次文字方案设计汇总图-1

大剧院字体设计

江苏大剧院第三次文字方案设计汇总图-1

4.江苏大剧院第四次设计方案

专家论证时间:2015年7月30日，会议地点:南京艺术学院设计学院，专家:江苏大剧院主管人员。

方案进展:会议上提交了江苏大剧院文字设计方案3套，每个方案衍生了2种形式。方案一标志外形以流畅柔美的曲线勾勒出江苏大剧院的建筑外形，律动的曲线似美妙的音符，又如指挥棒划过的轨迹，形象地体现了大剧院的艺术魅力。衍生方案微调了曲线的连接方式，并采用单线的形式构成简洁的造型。方案二标志整体饱满柔和，取材于江苏大剧院的多弧面建筑轮廓造型，传递出大剧院的内在的艺术气质。标志取建筑之形，将四个功能厅整合得以完美体现，并以通透贯穿的方式延续城市的文化脉络。衍生的方案增强了标志的动势,凸显大剧院的建筑“荷叶水滴”的造型特征。方案三标志来自建筑模型，动态的效果象征着艺术机构的独特魅力。衍生的方案更紧密结合建筑的曲线特征，精心提取建筑外形特征。

方案数量:会议上展示标志设计方案3个，衍生方案6个。

与会专家提出希望在图形特征上更多融入江苏大剧院的特质，保持标志设计的艺术性，并且更易于让普通人民群众接受。

江苏大剧院第四次设计方案汇总图

5. 江苏大剧院第五次设计方案

专家论证时间:2015年8月06日，会议地点:南京艺术学院设计学院，专家:梁勇、高云、速泰熙、赵清等江苏大剧院主管人员。

方案进展:会议上提交了江苏大剧院文字设计方案5套，吸取之前专家提出的建议，字体做了进一步的修改。会议上主要推出了三套设计方案，并每个方案围绕自身的设计理念衍生出3种不同的拓展形式。方案一吸取专家的建议，修改了标志设计的曲线弧度和连接位置。衍生方案有在一端加入枯笔元素，有制作成方形的版式，有简约的等线造型。方案二融入了抽象，简洁的线条，更有律动性。方案三加入了枯笔的元素，融入了江苏的文化特质。衍生方案在不同的位置运用元素，有的简洁整体，有的造型更为圆润，有的抽象简约，有的融入动态。

与会专家一致通过将方案一作为主推的方案，方案一灵动的曲线来自外文“JIANGSU GRAND THEARE”的缩写字母“JS”。优美的曲线以书法笔触对大剧院外形四个圆的一笔勾勒，代表了以剧院建筑外观荷叶水滴的理念象征，隐喻了江南“柔”“润”“圆”“流”的文化特点。奔放的曲线又象征音乐指挥棒构成的音律轨迹、音符等，表现出江苏大剧院的内涵及外延元素的构成特征，诠释了大剧院传承传统，展示当代，面向世界，成为江苏省传播高雅艺术的文化地标。

专家希望更多层次地丰富标志的内涵，精益求精完善标志的细节。

方案数量：会议上主推标志设计方案3个，衍生方案10个。

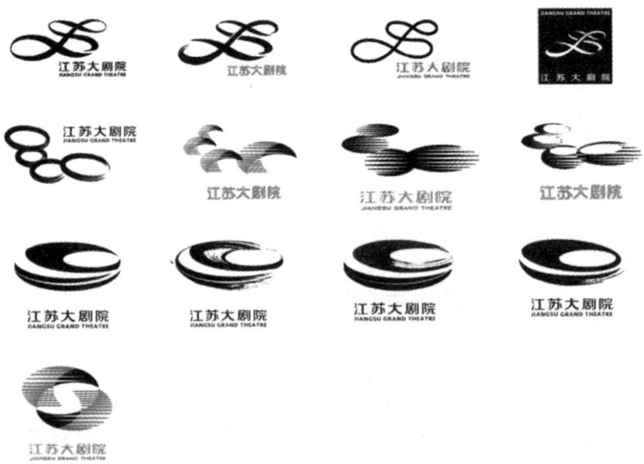

江苏大剧院第五次设计方案汇总图

江苏大剧院第五次文字方案设计汇总图

江苏大剧院第六次设计方案和相关演示视频。

2015年8月17日提交到江苏省文化投资管理集团。

设计方案汇总

江苏大剧院第六次设计方案汇总图

江苏大剧院视觉应用识别系统2016年1月24日提交到江苏省文化投资管理集团。

从这个设计方案的会议流程中可以看出，大剧院的设计会考虑一些概念,比如“地域特色”“历史悠久”“面向未来”“城市发展”“多元开放”“现代化”等等。标志性的含义就是在设计上呈现一系列的概念。而大剧院标志性的形式和理念在设计师提出之后，是由作为决策方的权力方面决定能不能被通过，就审美层面而言，基本上反映的是大剧院主管人员的审美意识和素养。另外，我国大剧院追求要建造得具有标志性的原因，和国人传统的审美方式很有关联，作为一个诗词歌赋历史悠久又爱好诗词的国度，大众也倾向于那种带有联想、象征、比喻、附会等修辞的文学性的审美，缺乏抽象审美。

当代诗人、辞赋作家戴永兵为江苏大剧院写了一首《江苏大剧院赋》:

承汉祚以利吴天，文教丕显；接舟航而孕灵地，经政懋雄。吞吐长江，浪击奔雷鼙鼓；萦纡紫气，文冠天下枢宗。虎踞龙盘，山卫南都之脉；金声玉振，乐和天地之衷。由是营剧院于石城，肇基择址；构蓝图于帷幄，庀材鸠工。瑞蕴周垣，历时四暑，匠心独运，始建勋功。

远眺其形，庐宇圜穹。处金陵之河西，毗奥体于震东。洲接江心，位连绿博，厅馆相连，衢径互通。色间异彩，播雨花以润石；状如清滴，凝荷露而映虹。粒粒玉圆，探骊珠于深海；双双翼展，伏蝶翅于花丛。迫以察饰，暗绿明红，廊阁幽深，犹自显敞，楹梁构旷，不失玲珑。内外有别，纵喧嚣而音隔；前后无差。妆金碧于其表，纳风雅于其中。物用简而靡隐，人修行则国隆。艺苑精华，扬文明之圣殿；建筑典范，垂后世而尊崇。

戏曲奏，歌剧从，综艺秀，音乐洪。聆珠玉之错落，遏行云于长空。声清越而绕梁，色婉转以惊鸿。舞台人生，明是非及善恶；人生舞台，辨妍媸与奸忠。祸积于微，戏从教以化鄙；智困所溺，艺劝善而移风。审声识音，敬弦歌之有节；察乐知政，传善美于无穷。举复兴之大帜，臻德艺于双丰，颂盛时而庆凯，腾中华之巨龙。

短短三百八十四个字，详尽地描写了江苏大剧院的地理位置、造型特点、艺术职能。这首赋不仅代表了国人传统的审美，其中也蕴含了江苏大剧院希求的传播主流价值观的功能性意义：“举复兴之大帜，臻德艺于双丰，颂盛时而庆凯，腾中华之巨龙。”

另外，在江苏大剧院方案设计之初，建筑的公共性就作为最重要的关键词。华建集团华东建筑设计研究总院江苏大剧院项目设计总负责人、院副总建筑师崔中芳说：“我们认为文化建筑不应该是高冷的，而是让大众容易亲近、能够近距离触碰到的，所以最开始对江苏大剧院的定位就是希望能有更多人参与。建筑能满足各个层面不同人群的需求，从观众到经营者到普通老百姓，都是它的受众，才能让它真正成为一个焦点。此外，每个文化建筑必然肩负着引领文化发展的重任，我们希望通过这个建筑，让该地区的文化得以提升。”江苏大剧院利用相似形体的有机组织形成合力，又通过易于到达的公共活动平台设置，让空间保持流动的意态，并借场地扩展及高度之利为市民提供了视野更开阔、更具活力的交往体验场所，体现出了文化建筑应有的公共性。连通内外的两个序列空间设计亦能表达设计团队对建筑公共性的思考。主要序列空间由一系列重要的室内外空间组合而成，串联起歌剧厅、音乐厅戏剧厅、多功能厅、综艺厅，在空间的渐进式变化中将观众的情绪引向精彩的演出。辅助序列空间由一系列配套的室内外空间组成，沿“河西文体轴线”和椭圆形室外中心广场展开，作为主要序列空间的补充。此外，位于室外中心广场的南北交通搭建起核心纽带的作用，串联起地下车库、底层广场、公共大厅以及露天公共活动平台等，将两个序列空间有机搭接起来。内部既相互独立却又有机联系，平台两端向外伸展与地面融为一体，既能满足各部分均可独立经营管理的要求，又能为更广泛的大众人群提供公共活动场所。

三、大剧院发展历程与建设热潮

中国古代正式的演剧场所均为伸出式舞台，宋元时代称为勾栏，清代则被唤为茶园（或称舞榭、戏楼、戏台、戏院等）。随着 19 世纪后半叶欧洲大陆文化的渗入，西方剧场的相关概念也走进中国，19 世纪中期，新型西式剧场开始出现。

中国最早的西式剧场——澳门岗顶剧院，是第一个以“剧院”命名的剧场，于 1857 年开始兴建，1860 年主体建成，最终于 1868 年全部完工。在使用功能上，有了“大剧院”的雏形。“1857 年 3 月，在一些热衷于音乐艺术的葡萄牙人倡议下，开始组织社团、筹办兴建剧院的委员会，该委员会为这个剧院制定了一些规定，作为将来剧院的使用目的、功能、方式，其主要内容有：剧院不但是只为业余爱好者进行音乐戏剧表演使用；通过一些合理的条件，提供给访澳的专业艺术工作者使用；大剧院也能作为会议中心或俱乐部，会员可在此阅读，游戏或闲谈。”[1] 在建设目的和地址选择上，“这是一座为业余爱好者们修建的剧场，同时还要顾及节假日的聚会，而且，当时人们也习惯将表演艺术的场地安排在私人场所或公共场所内，1857 年 4 月 2 日，委员会向政府申请圣奥斯定教堂前的一块用地（现在的岗顶）获得批准。政府规定此用地不得改作其他用途。委员会之所以考虑这个地段，是因为当时附近有一条繁华的商业大街，一些著名的公司、洋行设在那里，附近还集中居住有当时的许多名门望族。大剧院修建于此，能够借助商业和居住带来的人员聚集效应，更容易吸引观众。这也是历史上很多剧院选择地段的经验之一”。[2]

中国第一座西式剧场——兰心大戏院，出现了中国对“大”的向往，“剧场”这一称谓也被本土气息更加浓厚的“戏院”代替。1843 年，中国上海作为通商五大口岸之一正式开埠，上海逐渐发展成为远东最繁荣的经济与商贸中心，随之带入了西方文明。1867 年 2 月 16 日，《字林西报》头版刊登了一则十分醒目的广告，西方英国侨民于上海成立的 A.D.C. 剧团（Amateur Dramatic Clubs of Shanghai）将于 3 月 1 日在新开张的兰心大戏院举行首场演出，上演的剧目是闹剧《格林威治的银鱼》和滑稽戏《浮士德与玛格丽特》。关于“大”的意思，兰心大戏院建成时的英文名是 Lyceum Theatre，

[1] 卢向东：《中国现代剧场的演进 —— 从大舞台到大剧院》中国建筑工业出版社 2009 年版，第 9 页。

[2] 卢向东：《中国现代剧场的演进 —— 从大舞台到大剧院》，中国建筑工业出版社 2009 年版，第 9 页。

并未体现“大”的原意，但“兰心大戏院的前后台都很宽大，舞台为镜框式的，客座有三层，其建筑设计尤其符合声学原理”。[1] 因此，翻译成中文加了“大”字，可能是要与同时期的戏园与茶楼区别开来，毕竟相对于中国的戏园，Lyceum Theatre 的建筑规模的确很“大”。另外，关于“院”的取意，“‘兰心’是从英文 Lyceum 的音译结合意译而来。Lyceum 是个地名，是西方先圣亚里士多德讲学的庭院。这一庭院曾是文人荟萃、英才辈出的精神家园，是学术文化自由交流的发祥地，源于这美好的含义，演剧艺术家希望剧院如哲学家庭院一样可以成为艺术文化自由发挥的地方，由此得名”。[2] 这可能也间接解释了大型剧场在命名上向“大剧院”转变的原因。

从 20 世纪 20 年代起，中国出现了大量以“大舞台”命名的剧场，这些“大舞台”是中国剧场学习西方剧场的独特的历史阶段。从 20 世纪 30 年代起，随着电影业的发展，兴建的剧院多加入了放映电影的功能，同时，出现了用于开会的礼堂式剧场，经济较发达的地区出现了密集的剧场群，如上海大光明大戏院、南京大戏院、中国大戏院等。20 世纪 50 年代，在全面学习苏联的历史背景下，中国出现了一批场团合一的剧院，如归属北京人民艺术剧院的首都剧场、归属中央芭蕾舞团的北京天桥剧场、归属上海人民艺术剧院的上海兰心大戏院等。20 世纪 60 年代到 70 年代，中国剧院发展处于低谷时期。到了 20 世纪 70 年代末至 80 年代，中国剧场的建设事业再一次开启，如贵州贵阳的川剧院、河南郑州的中州剧场、广西南宁的南宁剧院等。

20 世纪 80 年代末，中国现代剧场迎来了“大剧院时代”。卢向东在《中

[1] 廖奔：《中国古代剧场史》，人民文学出版社 2012 年版，第 275 页。

[2] 张亚丽：《第二代上海兰心大戏院史料拾遗》，《艺术教育》2014 年第 7 期。

国剧场的大剧院时代》中描述了大剧院在中国的发展简史：1989 年落成的深圳大剧院标志了我国大剧院时代的开始。其中的歌剧院舞台，采用德国式的品字形舞台，这是我国首个实现品字形舞台的剧场。这个剧场还有一项值得关注的事情是，其舞台机械设计是由英国的一家公司完成的。境外设计的现象，在之后的各地大剧院中屡见不鲜，深圳大剧院算是开了头。由于地处特区，深圳大剧院的落成还意味着大剧院与改革开放建立了一种符号关系，大剧院的标志性问题也开始浮出水面。大剧院开始承载起剧场观演功能之外的城市功能、文化符号功能。

1997 年落成的上海大剧院，是改革开放后首个通过国际设计竞赛招标，最终由外国建筑师设计的大剧院建筑。上海大剧院是当时国内最豪华的剧场，舞台机械设施齐全，功能配置完备。形象特异，具备作为标志性建筑的特征。之后，长江三角洲地区和珠江三角洲地区也开始进入建设大剧院的潮流中。

2007 年落成的中国国家大剧院，则是中国现代剧场进入“大剧院时代”的高潮标志。国家大剧院以其标志性形象、剧场运营模式、现代化的设施配置等元素成为各地大剧院建设竞相模仿的对象，极大促进全国各地大剧院建设热潮的扩散。在政府驱动下，全国各省市斥巨资兴建大剧院，用以“展示国家或地区形象”，这股热潮从一线城市持续向二、三线中小城市推进。[1]

各地大剧院开始纷纷建成，但是与此不成正比的是中国的表演艺术市场并没有多么火热，看来大剧院的建设热潮并不是由市场推动的。主导各地大剧院纷纷建立的幕后功臣是各级政府，大剧院的建立是一项政府工程。全球化的潮流一方面使城市与城市之间的交流更容易，另一方面也使城市

[1] 卢向东《中国剧场的大剧院时代》，《世界建筑》2011 年第 1 期。

之间的竞争越来越激烈。为了提升城市的竞争力，城市治理者在城市规划中注入文化的维度，以此发展和提升城市的文化软实力。1990 年到 2000 年，创意文化、文化软实力、文化外交、文化权利等概念在城市与国家治理的论述中一跃而成为核心显学，在 1994 年澳洲政府率先提出“创意之国”的文化政策之后，英国于 1997 年提出创意产业的概念，其后，北欧各国在 21 世纪初提出以经济和区域规划发展为核心的文化经济论述，强调文化与创意活动对产业转型的重要性。在“软实力”发展语境下，大剧院成为一个城市、国家的文化地标和文化象征。

每一个城市定位背后都有相应的政策纲领与实施措施，从 20 世纪 90 年代中期开始，中国的城市开始兴起城市公共文化设施的建设热潮，大剧院随之纷纷出现了。“大剧院”的建设热潮始于 1990 年以后，源于 1997 年 2 月文化部颁发文化事业“九五”计划的推动。在“九五”计划中，文化设施建设的具体数量被明确规定，“建设 50 座以国家大剧院为代表的图书馆、博物馆、群艺馆、美术馆、剧院等展示国家和地区形象的标志性文化设施”[1]，“直辖市、省会城市和有条件的大中城市，要有重点地规划建设一批展示国家或地区形象、与经济发展水平相适应的图书馆、博物馆、美术馆、大剧院、群艺馆等标志性文化设施群体。”[2]

因为这一文化政策，全国掀起建设现代化大剧场的热潮。2001 年以后建成的剧场，呈现出规模大、范围广、标准高、数量多的特点，1000 个座位数以上的大剧院共 120 个，总投资额达 500 亿元以上。[3]

[1] 杨子：《表演上海：剧场空间与城市想象》，上海人民出版社 2016 年版，第 267 页。

[2] 杨子：《表演上海：剧场空间与城市想象》，上海人民出版社 2016 年版，第 267 页。

[3] 姜琳琳《剧院由物业向市场突破转型》，2015 年 8 月 13 日《北京商报》。

在江苏大剧院的七分钟宣传片中，第一段讲解就开宗明义地介绍了推动它建立的力量：

文化是民族的血脉，人民的精神家园。围绕习近平总书记提出“推动文化建设迈上新台阶”的需求，以及江苏省“三强两高”的建设文化强省目标定位，如何完善江苏城市功能，发挥文化的创新、创意、创造作用，江苏大剧院，给出了令人惊喜的答案。江苏省最大的文化工程，眼前这个正一天天显露风姿的柔和壮美的建筑，究竟潜藏着那些创意的奇巧与能量，又凭什么成为江苏的文化地标，对于这个不久将服务于大众、服务于艺术的江苏大剧院，人们迫切地想解开她的神秘面纱。

大剧院的建成反映了各地方政府的发展诉求。建立在政府主导下的大剧院更多地成了作为城市标志、象征城市发展、提升城市品位的一个符号，它在主要功能价值上必然产生一些异化。照理，大剧院是一个满足多种专业演出的场地，可以给话剧、戏曲、芭蕾舞剧、音乐会、歌剧、音乐剧等种种演出提供合适的场地，但是我国的很多地方并没有很频繁的专业演出团队的演出活动，所以很多地方大剧院的场馆设计成了多功能的形态。江苏大剧院的演出活动比较多，但是它的场馆除了满足演出之外，也承担起了召开很多会议的功能。比如江苏省两会和江苏发展大会。2018 年，江苏省两会主会场第一次从南京人民大会堂移师到江苏大剧院。自 2017 年 12 月接到两会任务后，剧院一边忙着完成第三届中国歌剧节的重要演出，一边紧张有序地筹备两会保障，承接两会是江苏大剧院开年来的最重要任务，肩负重任的同时，省文投集团给予重视，剧院召开了全体员工动员大会、工作协调会等多次专题会议，并强调：“要坚持一以贯之的‘微笑服务’和热情、周到、细致、耐心的工作态度，要将演出和会务同等重视，真正将我们剧院日常服务的形象和标准体现出来。”[1] 在这之前，从试运营到正式开业不到一年的时间，江苏大剧院已经完成了第八届中国京剧节、江苏发展大会、中国海洋大会、两岸企业家紫金山峰会、省人大会议、第三届中国歌剧节等重要会议活动的落地保障。

2017 年 5 月 19—21 日，首届江苏发展大会将在南京举办，届时，海内外江苏籍和在江苏学习、工作过的各领域知名人士将回到江苏故土，联络感情、对话交流、共谋发展，开展各领域的交流与合作。江苏大剧院是这次会议的主会场。2019 年 5 月 20 日召开的第二届江苏发展大会暨首届全球苏商大会也是把江苏大剧院作为主会场。这也可以显示出大剧院和政府的密切关联。

四、主营业务

江苏大剧院的主营业务会涉及演出项目运营、艺术教育和文化活动三部分内容。

（一）演出项目运营

演出项目运营是演出运作与经营的集合，它是主营业务的核心。开展演出业务主要涉及演出项目的运作、演出场地的对外租赁、演出项目的对外宣传、演出项目的票务销售以及大剧院公共关系的维护五个方面。

1. 演出项目的引进与运作

大剧院的演出业务部门一般是按照项目制的管理方法开展演出业务的。从演出项目评估到立项，从团队接待到结项报告，从项目预算到最终决算，

---

[1] 《勠力同心、撸起袖子 江苏大剧院保障省两会顺利召开》，见微信公众号“江苏大剧院 JSCPA”2018 年 1 月 26 日。

项目负责人需要对演出业务的整体流程和工作方法非常了解。

从项目分类来看，自营项目是指由剧院付出资源或资金参与制作的演出项目，包括自制项目、引进项目、合作项目、政府委托项目等。自营项目一般分为执行型项目与开发型项目，执行型项目多以满足出资方的目的作为目标，例如：当地政府给予大剧院运营补贴的同时，会要求剧院安排一定数量的高雅演出或公益演出，这种项目多以政府树立公众形象和剧院品牌建设为主要需求，以回馈社会为首要目的，不求经济回报。开发型项目主要以满足观众喜好为目的制作商业演出。

从项目来源来看，剧院大多由业务部门负责项目采购，采购渠道有演出交易会外选戏、业内推荐、自我推荐等，业务部门会根据剧院的演出类型配比情况挑选适宜的演出项目。现在有些经营较好的剧院开始将独自制作与合作制作提升到主营业务范畴。这也是为剧院的长远发展做好演出内容上的储备。

从项目选择来看，剧院大多在挑选出项目以后，会制定项目报告，内容包括项目基本信息、市场分析和成果预估等，这项工作通常由业务部门负责。其他相关部门的负责人要参与“项目评估会”，共同商量决定是否选择该项目。当然．现在有些剧院也有领导负责的情况。另外，还出现了一些院线管理公司成立独立的演出经营公司专门负责项目采购的情形。无论哪种形式。在项目选择过程中，都应以该项目要完成的使命为基准，选择可以完成自己既定目标的演出项目。

从团队接待来看，一个剧院的接待能力直接影响与演出单位的未来合作。现在多数剧院都已经设置专门部门或专人负责项目团队接待工作。其一，项目团队接待负责人要完成项目立项报告和预算单。要根据合同来核定出接待成本和营销成本，还要做票房分析和撰写营销计划等工作。其二。项目团队接待负责人要对接并落实演出单位的落地细节，包括人员接送机、舞美手续、化妆间的使用，以及特殊的食宿要求等。其三，要协调演出单位与剧院技术部门之间的技术对接。包括提供舞台平面图、灯位图、舞台设备清单等。其四，在项目结束后。项目团队接待负责人做项目总结。现在有些剧院在项目结束后，要求项目负责人呈现项目结项报告，并逐级上报。主要内容包括立项单、项目预算单、营业收入、项目成本、项目分析等。需要由各部门负责人和经手人签字留档。

2. 演出场地的对外租赁

租场管理是指剧院根据使用时段按不同收费标准向租用剧场的演出单位收取场租的业务类型。

在剧场有空闲档期的情况下，剧院会要求租用场地一方提供演出单位的营业执照、税务登记证、营业性演出许可证，如果要公开售票，还需提供在当地文化主管部门办理的演出许可证。有的剧院还要求演出方提供剧本和演职人员表等详细信息。

在场地租赁合同中要涉及剧院的各项收费标准。包括装台合成及演出的时段价格、包厢与 VIP 化妆间的使用价格、票务代理服务费，还有广告宣传服务费、增容电费、乐池加座服务费等相关内容。一般剧院的使用时间为 9:00—22:30。超出规定时间需另行收费。租场业务需要在演出开票前将剧场服务费全部付清，方可出票并进入剧院开展演出活动。票务管理过程中的票机使用与管理、工作票的提取与管理、剧组折扣票的销售与管理等细节都应落实在租场合同中。

剧场技术对接工作需要在租赁场地的时候落实。有些场地租用方自带演出设备。需要剧院的舞台技术部门与演出单位的技术人员进行对接，确保与剧院已有的设备相匹配。有些场地租用方需要使用剧院的演出设备与技术人员。这时就需要剧院技术经理协调相关技术人员给予技术支持。

3. 演出项目的对外宣传

业务部门在承接演出项目之后，需要通过自有渠道对项目进行宣传推广工作。

业务流程上，业务部门签订合同确认演出时间后，宣传部门就要制订相关的计划，并分阶段在不同的宣传渠道上针对单个剧目开展宣传工作。宣传计划：本回收计划是项目分析报告的核心部分。宣传计划涉及项目背景、受众分析、成功案例推广方案的借鉴、本项目的宣传主题与渠道选择等。

对宣传渠道而言，快速变化的时代意味着传播媒介、传播方式、传播环境的 21 世纪的第二个 10 年，自媒体浪潮奔涌，传统媒体早已时过境迁，负责宣传渠道维护与开发的营销人员也更加注重受众个体营销。戏剧巡演宣传或发布会进商场等活动的开展，也是传播方式演进的表现之一。在宣传的时候要把项目与当下的形势相结合来开展业务。

宣传费用主要由剧院年度费用和项目费用共同组成，剧院也会与当地的媒体签订年度合同，在降低宣传成本的同时，确保宣传渠道资源的稳定性。年度宣传费主要用于剧院品牌整体宣传推广，成本或者合并在剧院全年整体品牌维护费用上，分摊在各个项目里。项目宣传费用依据每个项目的规模和具体宣传方案配合票务组使用。

4. 演出项目的票务销售

演出票房是剧院演出经营收入的主要来源，无论是窗口销售还是网络销售，抑或是企业团体及票务代理的销售，都需要票务管理者在了解项目成本和项目特点，针对每一场不同的演出制定并实施票务销售方案。票务管理要采取以下四步走策略。

第一步，票房负责人要根据业务部门给出的演出成本及工作票等要求划分票图一般划分票房也会将明星类演出、普通类演出、公益类演出加以区别，最高票价低票价之间以100元为一个档。一般演出上座率达到60%—70%即为理想状态最后划出的票房收入要高于计划成本。高出的部分即为目标利润。划定票图之后，务人员要与演出单位确定票图，再由剧院领导确认实施。

第二步，制定票务优惠措施。在确定票务优惠措施可以实施以后，票务经理要根据销售资源对票房收入进行预估。并制定相关优惠措施，例如会员政策、网络购票折扣、套票政策、票务促销活动等。

第三步，票务销售。销售渠道有会员散票、窗口售票、票网销售、网点销售、客户团购等。会员的票务优惠活动分为线上和线下，一般会安排在线上举办会员折扣与积分兑换等活动，线下则在安排新闻发布会或演员见面会时邀请会员参加。窗口销售要注意依据票房情况调整现场推销门票的方式方法，窗口同时也是吸纳新会员的重要渠道。票网、网点销售、大客户团购是演出票务销售的主要方式，需要安排专人负责跟进。

第四步，票款结账。演出结束后。票务人员要对各个渠道的销售数据进行统计。结算时要核实并扣除工作票、折扣票部分，确认票款与余票金额相吻合，票款结算后递交财务部审核。再与演出单位相关负责人进行签字交接。由剧院财务部与演出单位进行结算。宣传与票务的工作是不可分割的。无论在演出业务还是剧院的品牌营销活动环节，两个部门都要互通有无，相互配合。

5. 大剧院的公共关系维护

作为一个城市的文化地标，大剧院在当地都有一定的文化影响力，通过与重要部门建立并维护良好的工作关系，会为剧院带来更多的帮助。为剧院创造更好的发展机会。

公关部门要制订媒体维护计划。要有专人负责与媒体建立良好的合作关系，通过每次与媒体的项目合作，来整合媒体资源。在剧院遇到公关危机的时候,良好的媒体关系可以帮助剧院渡过难关。在与媒体合作的过程中、根据不同的演出项目和活动内容，可以与媒体签订年度合作协议。协议会规定剧院所有演出的总频率次数和版面，由剧院决定哪台演出或者活动给媒体。要提供准确、清晰的宣传口径，确保剧院宣传风格的统一性。

社会关系方面要积极维护赞助渠道。通过定期组织策划具有互动性质的公关赞助活动,助力赞助商的品牌传播。为赞助渠道与民众之间搭建桥梁。大客户资源的开发与维护有助于实施赞助融资等工作，是营销战略发展的重点。大剧院作为当地城市的公共文化设施，需要与政府相关部门以及各大企业保持良好的合作关系。大客户资源可以应用在剧院品牌活动和单个演出项目上、也可以在租场项目和团体票上给予支持。

（二）艺术教育

剧院业务部门要在艺术普及教育的过程中培养潜在观众。“艺术教育是以文学、乐、美术等为艺术手段和内容进行的审美教育活动。任务是培养审美观念、鉴赏能力和创作能力，根本目的是培养全面发展的人，而不是专业艺术工作者。内容有:第艺术知识，包括艺术理论、艺术批评和艺术史；第二，艺术欣赏，包括对艺术作思想性和艺术性的感受和鉴赏能力；第三，艺术创作，包括创作艺术作品的构思达能力。”[1]民众走进剧院是为了感受表演艺术的魅力，而大剧院具有艺术教育的社会职能，艺术教育是观众拓展的重要途径。从艺术教育所采取的形式看，大致包含三类型。

第一种是艺术普及类，以艺术讲堂和艺术培训班为主。目前，中国已经开始在艺术教育上进一步发力，经济发展状况较好城市的大剧院大多安排艺术梯堂，按照艺术门类邀请艺术家开展艺术普及活动。比如 2022 年，江苏大剧院的原创舞剧《红楼梦》的巡演再启程，在它上演的那段时间里，江苏大剧院精心策划了一系列艺术普及活动，助力观众更好地理解红楼世界里丰富的文化内涵。比如请到了东南大学的乔光辉教授做“《红楼梦》的图像世界”的讲座，请到了南京大学文学院的苗怀明教授做“凄美的挽歌——《红楼梦》的青春情节”的讲座。

第二种是艺术体验类，大剧院会定期举办参与性较强的艺术教育活动，成为讲座形式的有力补充。在上演原创舞剧《红楼梦》的过程中，江苏大剧院同时策划了一系列“寻找非遗足迹”的艺术体验类活动，比如绒花手作体验以及团扇的手作体验。

第三种是演出营销类。将艺术教育活动与演出营销紧密结合，多以演出售票期安排艺术工作坊等活动为主。比如江苏大剧院在 2022 年推出原创话剧《红高粱家族》的时候策划了一场读剧工作坊，邀请南京本土新锐戏剧团体“未剧团”领读《红高粱家族》的剧本，邀请观众朋友们共同进入这生生不息的历史传奇，在这片高粱地蓬勃生长。

（三）文化活动

剧院举办文化活动，目的是让不同背景、不同领域的人们联系在一起，

[1] 顾明远主编：《教育大辞典》，上海教育出版社 1998 年版，第 143 页。

让任何人都能找到走进剧院、参与其中的理由，同时获得深刻的体验和感受。中国当代大剧院通过举办剧院品牌节庆活动吸引更多的民众参与其中，感受艺术的魅力。目前，大剧院举办的文化活动多以演出季和艺术节为主，各地方政府也对剧院举办的节庆活动给予政策及资金上的支持。文化活动不同于艺术教育，是在特定的时间和空间内举办的一种公共活动，它并非以教育为目的，而是更强调民众参与性。

从文化活动的内容与形式来看，目前大致存在两种类型。第一种是独立于演出业务之外的，围绕某个主题策划并实施的体验活动。在这些体验活动中，有敞开大门面向所有民众的，还有与艺术教育相关的活动，它以艺术教育的方式呈现。第二种是以策划演出为主的节庆活动。

由此可见，剧院应举办多种与演出相关的文化活动来提升观众的参与度。目前中国的大剧院举办文化活动大多以公益类为主，为的是倡导民众走进剧院，通过有趣的活动了解艺术。文化活动的举办为民众搭建了一个公共交流的空间，一个社交的平台。

第二节　构想剧院

江苏大剧院的殿堂之路必然不会是一帆风顺的，在剧院的运营保障上我们进行了大胆的创新。在管理机制上，江苏大剧院走出了一条改革之路，探索之路，选择了一条既有别于纯事业体制也有别于纯企业经营管理模式的新路：在省文投集团下成立运营管理公司，作为大剧院市场化运营主体；争取省编办支持成立了事业性质的江苏艺术中心，为承接大剧院资产和享受税费优惠政策创造了平台。在合作机制上，与国家大剧院达成协议，学习其成功经验并在剧目引进、创作生产、人才培养、内部管理等方面展开全面合作，为江苏大剧院事业初创期提供有力支撑。成立江苏大剧院艺术委员会，外聘艺术总监、运营总监，对大剧院的艺术品质和运营管理等强化指导及把关。建立了大剧院艺术基金，统筹财政、社会、企业资金，以此保障大剧院长远发展。

——梁勇（江苏省文投集团董事长）《把江苏大剧院建成一流艺术殿堂》

机构定位：以社会效益为首位，注重社会效益和经济效益相统一的公益性、专业性艺术机构。

功能定位：既是以节目演出、剧目创作生产等为核心产品的表演艺术中心，也是整合多元功能的文化综合体。

宗旨定位：人民性：坚持以人民为中心，让文化建设成果与人民共享；艺术性：坚持一流艺术品质，把艺术品质作为立院之本；国际性：坚持国际化视野，立足江苏、辐射全国、放眼世界。

目标定位："中国一流、世界知名的表演艺术中心"

艺术家和人民群众向往的"艺术的殿堂，精神的家园"

早在江苏大剧院开幕之前，它就开始引进剧目在南京的其他剧场上演。从 2016 年 11 月 8 日一直到 2017 年 1 月 22 日，江苏大剧院为江苏观众第一次引进剧目，7 部经典作品、共 19 场演出将在南京市内的多座剧场轮番上演。

7 部剧目演出时间 / 地点：

序号	剧目名称	演出地点	档期
1	柴可夫斯基交响乐团 《柴可夫斯基交响乐全集音乐会》	南艺音乐厅	2016.11.08 -11.10
2	米沙·麦斯基音乐会	南艺音乐厅	2016.11.24
3	话剧《办公室的故事》	前线大剧院	2016.12.03 -12.04
4	话剧《莎士比亚全集》（浓缩版）	前线大剧院	2016.12.09 -12.10
5	何塞·卡雷拉斯告别演唱会	奥体中心体育馆	2017.01.03
6	话剧《武则天》	前线大剧院	2017.01.07 -01.08
7	经典原版音乐剧 《人鬼情未了》	前线大剧院	2017.01.17 -01.22

在这首次引进剧目中，江苏大剧院就试图把它的“国际性、艺术性、人民性”这一宗旨定位展现出来，给观众留下一个良好的印象，树立自己良好的形象。它的“国际性”体现在从世界各地请来了顶尖的乐团和剧团：《柴可夫斯基交响乐全集音乐会》《米沙·麦斯基音乐会》、话剧《办公室的故事》、话剧《莎士比亚全集》《何塞·卡雷拉斯告别演唱会》、话剧《武则天》以及经典原版音乐剧《人鬼情未了》，并且这些有分量、有大牌、有看点的引进剧目基本上都是第一次与江苏观众见面；它的“艺术性”体现在

何塞·卡雷拉斯享誉世界的三大男高音之一，他在当今世界乐坛拥有着极高的地位，富于抒情性的唱法是他最大的特色，因此也被称为“抒情王子”。何塞·卡雷拉斯可以说是中国人民的老朋友了，他曾多次来中国演出，歌声感染了无数中国的观众，而此次也是何塞·卡雷拉斯时隔 12 年再次登上南京的舞台；它的“人民性”体现在打出了惠民的价格，对前来购票的观众将给予一定的票价优惠，如果在购票前加入江苏大剧院会员俱乐部的话，除了享受到更大的票价折扣外，还能免费参加演出期间的艺术活动，获得与何塞·卡雷拉斯、米沙·麦斯基等艺术大师面对面交流的机会。此外，江苏大剧院还将邀请部分建筑工人、劳动模范、学生、军人、残障人士等前来免费观剧，让大众都能感受到艺术的魅力。

在开幕之前，江苏大剧院就通过引进剧目试图传递给大众这样的信息：虽然江苏大剧院工程还在建设和完善当中，虽然首期演出不能在大剧院内举办，但通过此次首批引进剧目的演出，让南京市民在家门口就能领略到名家、名团、名作的风采，也让更多观众关注和了解江苏大剧院。

江苏大剧院建好之后要做成一个怎样的样子，其实早就开始构想了。早在 2016 年 5 月 8 日，在金陵滨江酒店，江苏大剧院举行了一个文化座谈会。主持人是毕飞宇，毕飞宇的身份除了著名小说家、南京大学文学院兼职教授外，还是江苏大剧院艺术基金会的理事长。参加这次文化座谈会的人有江苏省文投集团党委书记梁勇，文投集团的副总经理、大剧院基金董事长叶飚荣，江苏大剧院的运营总监陈正哲，著名表演艺术家梅婷，南京大学艺术研究院教授康尔，南京艺术学院电影学院的院长蔡伟，江苏省电视艺术家协会副主席景志刚，凤凰资源管理公司原总经理亓越，江苏省新闻出版广电局原副巡视员钱薇，新华日报文体部主任薛颖旦，江苏大剧院艺术基金会秘书长王娟、副秘书长柯强兴等。这次文化座谈会探讨的是：江苏大剧院的诞生对南京来讲，甚至江苏来讲，是极为重要的事情，那么作为剧院文化不甚发达的地区，剧院如何能够在文化方面扩展，如何能够在经济方面扩展，简单地说，就是如何走进老百姓的日常生活。

梁勇主要谈了对大剧院初步的考虑和定位。通过对南京的演出市场的调研以及对周边地区的调研，希望把大剧院的定位更为准确，更好地服务周边的人民群众，在观众的定位上主要是面向年轻人，这也是跟国家大剧院有一个相对的错位，更体现江苏的地方剧院特色，国家大剧院定位是比较高，是经典型、世界性的，定位在年轻人可以跟国家大剧院相对错位一下。梁勇也试图把江苏大剧院通过多年的努力打造成综合的文化体，不仅有舞台演出，还有美术馆、艺术馆，还有电影院，要把它整个做成江苏的或者当代艺术的展示馆，把好的艺术品集聚进来，把各个方面的艺术家集聚进来，使它真正成为文化消费的综合体，这是目前的策划和设想，通过努力能够使江苏大剧院的内容与建筑相符合，真正使它成为长三角地区的文化消费重要平台，这是对大剧院初步的考虑和定位。

康尔的发言题目是《剧院与美育》。北大校长蔡元培也提出一个很有趣的主张，应该说近百年来许多有识之士他们都提出的梦想和愿望，就是以剧院代教堂。康尔提出要把剧院办成美育的园地，把剧院办成市民的精神家园，所以江苏大剧院应该有这样的标高，向这个方面努力。如何才能接近这个目标呢？应该从三个角度来考虑：一是剧目一定要高雅、纯粹、上档次；二是去遴选真正意义上的精品剧来进行演出；三是自己制作一批优秀的剧目。康尔认为还要把大剧院建成艺术的栖息地。从功能的角度来看怎样使大剧院更适合审美教育，也就是要多元化、全方位提出它的利用率，起码剧院有四个功能，一个它是精品、经典和优秀剧目的汇聚地、展演地，二它是审美教育的源地，三它是人才培养的基地，四它是学术研究的高地，具体说来应该多举办一些人文系列讲座，因为这种讲座可以结合将要上演的剧目，或者可以结合已经演过的剧目，这样大型的讲座应该是面对普通大众的。第二个层次应该经常举办一些高质量的人才培训。

陈正哲认为剧院面临的比较困难的地方是缺人才。江苏大剧院它可能成为一个标杆性的建筑，在国外类似大剧院的建筑，它的周边一定是城市的最中心，没有意外，江苏大剧院周边的设施也在慢慢到位，发展会越来越好，剧院并不是靠建筑物来生存的，靠的是里面的软件，这些软件包括人才的培养，剧院面临着一个比较困难的地方，就是缺人才。“我们真的很缺人才，因为我们在招聘的过程里面也发现，江苏省曾经从事过剧院的管理人才稀缺，并不是说当过剧院的管理人才就可以完成江苏大剧院所需要的任务，他还必须了解江苏的文化，必须了解江苏这个地方需要的是什么，并不只是一个人才就可以的，必须跟这片土地能够结合，这个部分我们发现非常困难，所以我们希望在人才培训上面，在剧院上面也能够有大量的提升，让江苏人才在文化艺术，不管是舞台上面的人才，还是舞台后面的人才，支持上面的人才，都能够在剧院层面往上升。”

梅婷建议江苏大剧院引进一些儿童剧。“在北京我也发现其实卖票卖得很好的是很多儿童剧，比如说国外过来的，适合看的孩子往往是两岁以内都可以，一个戏只演半个小时，有半个小时的互动，这些剧团来到国内很快就卖完了，根本就买不到，可见现在的年轻父母对小孩，对于艺术的培养是从很早就开始了，所以我觉得这么有活力的剧院，可以考虑去引进一些。”梅婷还强调剧院的建设主体已经功能丰富，需要的是内容。所谓的内容一是引进一些国外好的剧目，第二就是看能不能够自创剧目，或者吸收国外好的创意，合作或者方方面面。

蔡伟和景志刚分别谈了剧院要培育观众和吸引观众。亓越建议剧院要达到对观众来说“吸引、留住和再来”。钱薇建议要有亲民的价格和配套的环境。

薛颖旦谈了对观众礼仪的培养，她说“在剧院文化里面确实有一种强烈的仪式感，我也在国外看过一些演出，包括美国的肯尼迪艺术中心、奥地利的艺术大厅，他们看演出确实是盛装，打扮得特别赏心悦目，你一下会觉得在这种群体当中提高了，他们都会提前三十分钟到达，开演前 15 分钟就坐着等演出了，几乎很少有迟到的，我觉得西方观众是非常尊重演出，他们都是提前在那儿坐着了。我就印象特别深的，我在肯尼迪中心看一场音乐会，演出期间真的很安静，我们那天没有穿服装，都是冬天去的，天很冷，我们都穿羽绒服，演出前买门票也很便宜，按照十天买的，演出前的剩票大概 20 美金就能买到了，我们进去以后左右都是穿得很单薄的晚礼服，穿着厚重的羽绒服坐在里面特别不好意思。他们这种观演的礼仪真的非常棒，非常自觉，对我的印象特别深刻。还有一个就是我觉得我们和西方观众不同的对待谢幕的态度，西方人在谢幕的时候都会起身站立，长时间的观众，会表现得特别有礼貌和真诚，总是要等到大幕拉上的时候才会非常有秩序地离开，我们无论是看演出还是看电影，总是觉得结束了赶快走，缺乏对演出人员的尊重，也缺乏对整个过程的完整性，其实这也是一种礼仪。”薛颖旦还建议除了剧院影院，还要引入文化馆、主题沙龙、艺术讲座、咖啡馆，或者是一些书店，把剧院做成一个文化中心，不光是来看戏，还可以进行各种各样的文化消费。大剧院还可以引入现代的东西，包括一些创意的东西，办现代性的展览，包括装置艺术，可以拓展观众。

那么江苏大剧院的开幕是怎样的呢？我在内部找到开幕发布会当时主持人的主持台本，主持人先背诵下来，然后现场主持开幕发布会，通过它，基本可以看到开幕发布会当时的现场情景。

江苏大剧院开幕发布会主持台本

尊敬的各位领导、各位嘉宾，女士们先生们大家下午好，欢迎大家莅临金陵扬子江畔这座崭新的艺术殿堂，共同参加江苏大剧院开幕发布会，我是主持人×××。首先请允许我介绍出席今天发布会的各位领导、艺术家和媒体朋友，参加的领导有江苏省委宣传部副部长徐宁，江苏省文化和旅游厅×××，省文联×××，新华报业集团×××，江苏省广电集团×××，同时，今天我们特别邀请了江苏大剧院艺术委员会各位委员以及专门为江苏大剧院创作艺术作品的艺术家们，待会儿我将用大屏向各位逐一详细介绍。参加今天发布会的江苏文投集团领导有江苏省文投集团董事长梁勇，江苏省文投集团总经理徐宁，江苏省文投集团副总经理、江苏大剧院董事长叶飚荣。此外，今天的发布会还重点邀请了新华社、中央电视台、人民网、江苏电视台、新华日报、南京日报等近30家媒体的记者朋友以及江苏大剧院商业合作伙伴代表。在这里我谨代表江苏大剧院对大家的到来表示热烈欢迎。

江苏大剧院从1994年决定筹建、2012年开工建设，经过几代人长达二十余年的期盼，这座江苏省内最大的文化综合体终于要揭开她神秘的面纱。艺术的殿堂、精神的家园，江苏大剧院承载了江苏文化艺术建设发展的希望，承载了江苏人民追求高品质文化生活的梦想，她的落成，无疑是江苏文化发展史上的一个重要里程碑。

在江苏大剧院从筹建到正式落成这一过程中，江苏省委省政府给予了极大的支持，因此我们要首先邀请江苏省委宣传部副部长徐宁女士上台致辞。

【江苏省委宣传部徐宁副部长致辞】

感谢徐宁部长的精彩致辞。诚如徐宁部长所说，文艺是时代前进的号角，是塑造灵魂的工程，这也是我们为什么需要这样一座现代化的剧院。江苏大剧院的诞生，绝不仅仅是给江苏增添了一个创造艺术的场所，更多的是在人们心中种下一颗艺术的种子。那么，我们到底需要一座怎样的剧院呢？这一点我想有一个人最有发言权，有请江苏省文投集团董事长梁勇致辞。

【江苏省文投集团董事长梁勇致辞】

感谢梁勇董事长的致辞。每一个成功的剧院背后总是少不了艺术家们的支持，他们高超的艺术修养、敏锐的眼光以及广阔的眼界都是剧院最宝贵的财富，江苏大剧院作为一个艺术殿堂，从筹建之初，就明确了自己的定位：一切以艺术至上、一切让艺术说话，为此，江苏大剧院经过多方调研，从国内外的著名艺术家中，邀请了一批在各自艺术领域有高深造诣的艺术家，组建了江苏大剧院艺术委员会，我们致力于通过艺委会，为我们江苏大剧院未来的剧目引进、艺术生产、艺术交流等方面，进行艺术质量把脉、指导和帮助，他们不光是我们的艺委会委员，更是江苏大剧院的驻院艺术家，我们热忱地希望这些艺术家每年都把自己的优秀作品带进江苏大剧院。接下来，就由我宣读江苏大剧院艺委会首批成员名单，他们是国家大剧院副院长李志祥，西班牙尤斯卡迪管弦乐团首席客座指挥、英国吉尔福德爱乐乐团音乐总监、上海歌剧院首席指挥绍恩，新加坡华乐团音乐总监叶聪，著名华人指挥家汤沐海，北京大学歌剧院研究所教授、珠江交响乐团音乐总监刘新宇，北京人民艺术剧院国家一级舞美设计、林肯中心艺术节常任舞美设计、法国巴黎艺术节客座舞美设计、中国舞台美术学会创作研究部副部长易立明，中国国家交响乐团团长关峡，当代首饰艺术家;设计策展人、荷兰华裔设计师孙捷，中国京剧院领衔武生高木昆，中国国家京剧院三团团长张建国，舞蹈演员张卫强，美国塔尔萨芭蕾舞团驻团编导马聪，纽约爱乐双簧管演奏家王亮，小提琴演奏家吕思清……（名单和顺序待定）

有部分艺委会委员因为工作的原因，未能出席。今天，我们有请江苏省文投集团徐宁总经理为来到现场的江苏大剧院艺委会委员颁发特别聘书。

【为艺委会成员颁发聘书】

江苏大剧院艺委会的成员来自全国乃至世界各地，他们在自己的艺术领域有着精湛的艺术水平和艺术修养，接下来有请 ××× 代表江苏大剧院艺委会成员发言。

【艺委会代表发言】

谢谢 ××× 老师的发言，在江苏大剧院筹备之初，一批江苏籍著名艺术家怀着对江苏大剧院的至诚之心、挚爱之情，用自己精巧的双手为剧院专门创作了一批艺术作品，作品中有书法、绘画、版画等美术作品，也有陶瓷、木雕、刺绣等工艺作品，接下来让我们观看大屏幕，共同欣赏这些精美的艺术作品。

【大屏展示艺术品】

刚刚大家看到的大屏幕上这些精美的艺术品都是江苏省内乃至全国知名艺术家专门为江苏大剧院专门创作而成，这些作品将长期收藏于江苏大剧院各展厅当中，为更好地把江苏大剧院建成一个艺术的殿堂，丰富江苏大剧院文化艺术展现形式，我们欢迎更多这样的艺术家关注、关心江苏大剧院，更希望艺术家们把自己的艺术作品展示在江苏大剧院内，并作为永久收藏。

接下来有请叶飚荣董事长为今天来到现场的艺术家颁发收藏证书。

【为艺术家颁发聘书】

有请 ××× 代表捐赠艺术家上台发言。

【捐赠艺术家代表发言】

感谢 ××× 艺术家的精彩发言，在这里我也要代表江苏大剧院再次感谢各位艺术家的无私奉献，江苏大剧院永远是你们的艺术之家！

江苏大剧院作为一座集歌剧厅、音乐厅、戏剧厅、综艺厅等于一体的专业化剧院，开幕季到底将上演哪些剧目呢？这个答案由我们有请江苏大剧院运营总监陈正哲来为我们揭晓，掌声有请！

【剧院运营总监陈正哲发布开幕演出剧目】

感谢陈正哲总监，一下请来了这么多国内国际的顶尖剧目，还有江苏大剧院原创自制的首部歌剧要上演，江苏观众今年可真的是有福了，在家门口就可以欣赏到名家名团带来的顶级视听盛宴。好的，那就让我们8月

5日相约在江苏大剧院音乐厅，开启崭新的艺术之旅！江苏大剧院开幕发布会到此结束，谢谢大家！

这个开幕发布会相当于一场仪式。法国社会学家涂尔干认为仪式是社会关系的扮演或者说戏剧性的表现。他认为社会关系是无形的、抽象的，但是当人们通过仪式聚合在一起，他们采用一系列象征符号和一系列象征性行动，那么通过这一戏剧化的形式，人们就可能达到对社会关系的理解。所以这些事件，尤其是仪式就变成了社会力量的象征性威力的象征性展现。所以，按照涂尔干的理解，如果要想了解一个社会中什么是重要的，它是如何结构的，那么最好的办法就是去了解它的仪式。在涂尔干之后，社会科学领域里的很多学者都采纳并发展了他的看法。比如美国著名人类学家米尔顿·辛格在他的著作《当一个伟大传统现代化的时候》里，对"文化表演"（cultural performance）概念进行了界定，认为它既包括了戏剧、音乐会、演讲，同时又包括祈祷、仪式与典礼、节庆，以及所有那些被我们通常归类为宗教和仪式而不是文化和艺术的事项。辛格认为"文化表演"携带着一定的文化信息、群体意识与观察，可被视为是一种"升华的表达"（heightened expression）或"封装的文化"（encapsulated culture），而且也是一种展示性的交流行为，它处于文化的中心位置并且反复发生，通过表演和观看，人们也可以认识其中蕴含的观念内容。[1]还有像美国的人类学家克里福德·格尔兹、维克多·特纳等都强调关注特殊的事件，把这些事件的上演作为向公众符号化地、戏剧性地展现社会最重要的象征和价值观的时刻。

---

[1] 参见 Milton Singer, when a Great Tradition Modernize. New York: Prager. 1972. pp 71-76.

第三节　社会表演

江苏大剧院不仅是一个给各种表演艺术提供表演场地、让观众在里面观看表演的一个空间，它同时也是表演的主体，需要进行它的社会表演。惯常理解的“表演”是艺术范畴内的概念，是一种综合性的艺术表现形式，休·莫里森认为表演是“演员对角色的所思所感……必须用道白、动作和身体语言将它声情并茂地表达出来”。[1] 随着社会的发展变化，“表演”的含义也在不断嬗变，其表述的范围也不断扩充而成为一种理论话语。

美国著名表演理论专家理查德·谢克纳是这样解释表演的：“某些种类的动物，特别是人类(但不仅仅是人类)会有意识地展示自己的行动，这种行动就是表演。”[2] 他将表演定义为“showing doing”，即展示行为，表演就是展示，是重新组合的行为[3]。这个定义不仅包含了戏剧表演艺术，同样也包含了社会各个领域的不同表演行为。他举例说：“当我在街上仅仅只是行走的时候，我不是在表演，但是当我走给你们看的时候，这就是表演，我在表演走路。街上有很多人并不是有意识地展示走路，但就因为有你或者有很多人在观看，那么你和那些观看的人就把他们的走路变成了表演。就像许多拍纪录片的人和许多画家，他们把一些本来不是表演的东西变成了表演。”[4] 很明显，谢克纳对表演的理解和休·莫里森不同，谢克纳认为的表演已经不仅仅是人们基于正常的生理活动而进行的行为，也不是艺术范畴

---

[1] [英]休·莫里森著，胡博译：《表演技巧》，中国戏剧出版社2003年版，第10页。

[2] [美]理查德·谢克纳：《什么是人类表演学》，《戏剧艺术》，2004年第5期。

[3] Richard Schechner. Performance Studies, New York: Routledge, 2002, p25.

[4] Victor Turner. The Anthropology of Performance, New York: PAJ publications,1987.p.81

内众人皆知的“表演”，而是带有对他人和社会对自身有何要求的更多的考量,在这种考量的基础上来决定该如何进行“表演”。在社会生活中加入“他者”这一向度，“表演”的含义便具有了社会学的含义。这是广义的表演，也就是社会表演学所研究的范畴。在社会表演的范畴里，戏剧已经不单单指舞台上的那些有情节、有矛盾冲突的故事，还包括人类社会的大舞台上的各类事件，我们需要把目光更多地投向日常生活。

戈夫曼在《日常生活中的自我呈现》中对社会行为作了一些分析，充分发挥了戏剧理论中的“表演”的概念。他发现，人们在日常生活中，也在扮演一些角色，但是，这并不是刻意地扮演或者假装，而是个体拥有一些身份、在社会上占据某个位置，不得不扮演某种角色。戈夫曼把日常生活和戏剧类比起来，“表演”这个词，虽然在传统上属于戏剧艺术范畴，但它同时具有一定的社会性质，属于日常生活的一个重要组成部分，它构成了人所生活的社会与文化世界。正如维克多· 特纳所言，“如果说人类是一种聪明的动物，一种制造工具的动物，一种制造自我的动物，一种使用象征的动物，他也当然是一种表演的动物，表演的人。”[1]这里的“表演”不能被削减到一个次要的地位，因为它构成了人类的行为，人们正是通过它而塑造自身，成为“人”。

个人如此，作为地点的江苏大剧院亦如是。它不仅是一个提供表演供观众观看的场所，它自己也在进行着社会表演，来建构自己的形象，正是通过这些表演或者说它的实践，它才成为自己。一直以来，江苏大剧院有个很明显的倾向：追求“艺术性、国际性、人民性”。《江苏大剧院三年发

---

[1] Victor Turner. The Anthropology of Performance, New York: PAJ publications,1987.p.81

展计划（2016–2018）》明确说：

全面贯彻《中共中央关于繁荣发展社会主义文艺的意见》和《关于推动国有文化企业把社会效益放在首位、实现社会效益和经济效益相统一的指导意见》，遵照省委、省政府的要求和省文投集团的决策部署，以“国际性、人民性、艺术性”为宗旨，一手抓文化软实力，一手抓文化硬实力，承担新使命，建设新体制，打造新队伍，以把江苏大剧院建成艺术的殿堂、精神的家园为目标，以五十年后让大剧院成为江苏非物质文化遗产为追求，建设国内一流的文化艺术中心。

在定位上必须坚持以人民为中心，遵循大剧院的公益属性，以大剧院的社会形象塑造和社会效益实现为运营初期的首要目标，为人民群众不断增加的精神文化需求提供优质供给;在艺术上必须坚持高端品质，明确“高品位、高内涵、高水准”和“名家、名团、名作”的艺术定位，把舞台艺术的经营管理作为工作主线，塑造大剧院世界一流的艺术形象；在思想上必须坚持社会主义核心价值观，坚持正确的价值导向，以提高人民群众的艺术素养与文化内涵为重要任务，使人们在潜移默化中提高审美能力和文化素养；在宣传上必须坚持弘扬和传播江苏精神，以推动江苏文化大发展大繁荣为重要使命，以江苏优秀传统文化为根脉，以创新为动力，推出更多无愧于民族、无愧于时代的文艺精品。在经营上必须坚持把社会效益放在首位，坚持两个效益相统一原则，遵循社会主义市场经济规律，遵循文化产品生产传播规律。

在这里，可以把 2018 年江苏大剧院举办的“江苏大剧院· 马林斯基剧院艺术节”作为社会表演的案例。该艺术节从 11 月 22 日开始，到 12 月 4

日结束，带来了5个项目，推出了12场演出，包含了芭蕾舞剧、歌剧、音乐会和交响童话音乐会，可以被称为是2018年度国际高雅艺术表演界最值得瞩目的盛事之一。它的日程安排是11月22日至25日（24日含下午场及晚场）上演芭蕾舞剧《天鹅湖》，11月30日至12月2日 是普契尼歌剧《托斯卡》，12月1日到2日 交响童话音乐会《彼得与狼》，12月3日 捷杰耶夫指挥交响音乐会，12月4日上演威尔第歌剧《麦克白》。江苏大剧院对这次艺术节非常重视，浓墨重彩地宣传，为了彰显它的“艺术性”“国际性”和“人民性”。

江苏大剧院强调这个艺术节是“指挥沙皇”捷杰耶夫领衔，“艺术航母”马林斯基剧院首次来宁，江苏大剧院五戏连台，全国仅此一站。为了对马林斯基剧院的历史有一些认识，江苏大剧院营销推广部的同仁还去上海采访了原来上海大剧院的艺术总监钱世锦，当时他们把采访的录音第一时间发给了正在做志愿者的我，让我把录音整理出来。钱世锦说：

马林斯基的意思是玛利亚的剧院，玛利亚是沙皇的姐姐。历史就是这样：三十年河东，三十年河西。这本书我讲到马林斯基剧院现在的总监捷杰耶夫，他把马林斯基剧院重新振作起来了。苏联解体后，苏联不是社会主义国家了，变成资本主义国家，没有国有企业，原来苏联的芭蕾舞那么发达，是因为苏联政府全力支持，但相对又比较控制，所以在苏联时期有一些跳得好的芭蕾舞演员向往资本主义社会，在去国外演出的时候逃走了。苏联刚刚解体的时候，走穴成风，马林斯基和莫斯科大剧院也面临这个问题，所以很大损失。马林斯基经过一段混乱期，捷杰耶夫提出要振兴马林斯基，他做了马林斯基的总监之后，马林斯基恢复了很多。

马林斯基剧院艺术总监瓦莱里·捷杰耶夫确实是当代最具影响力的俄罗斯指挥大师，有“指挥沙皇”之称。在他的指导下，马林斯基剧院的影响力扩张到了世界主流舞台，赢得广泛的赞誉，成为当今世界上最成功的艺术殿堂之一。

江苏大剧院的副总经理杨润森说，这次合作源于江苏大剧院开业之时，历时两年精心准备，终于促成此次艺术节。马林斯基剧院芭蕾大师、舞蹈总监尤里·法季耶夫说：“中国和俄罗斯在政治和经济领域有着广泛的合作，文化领域自然也不会落下，这就是我们马林斯基大剧院来到江苏大剧院演出的原因。这次来到南京，还没有来得及走遍整个江苏大剧院，但建筑艺术美感就早已深深地折服了我。希望观众能喜欢上我们的表演，也期待能和江苏大剧院在今后有长久的合作。”[1]

杨润森和尤里·法季耶夫的说法都是官方的说法，然而事实上，江苏大剧院的工作人员跟我说是因为俄罗斯圣彼得堡的马林斯基剧院这段时间正好在装修，演员们没有地方演出，正好江苏大剧院来邀请，所以很愉快地谈成了这次合作。一般情况下，江苏大剧院邀请海外剧团剧院会通过一些演艺代理公司，不过这次，是它自己谈成的。马林斯基艺术节在南京这个城市举办还有一个原因是受到古典音乐演出市场的现状的影响。早在1998年，捷杰耶夫首度率马林斯基剧院交响乐团在人民大会堂演出，获得当时的国家领导人的邀请，希望他在国家大剧院落成后再度来华演出。2007年12月底，国家大剧院的揭幕演出便是由捷杰耶夫领衔马林斯基剧院上演的鲍罗丁歌剧《伊戈尔王子》，马林斯基剧院成为中国国家大剧院歌

[1] 《来了来了！“江苏大剧院·马林斯基剧院艺术节”起航》，见微信公众号“江苏大剧院JSCPA”2018年11月21日。

剧院里的第一支外国艺术团体，后续马林斯基剧院管弦乐团又跟国家大剧院接连合作了包括柴可夫斯基主题、肖斯塔科维奇主题、普罗科菲耶夫主题、斯特拉文斯基主题、穆索尔斯基主题在内的系列主题音乐会策划。1998 年，马林斯基剧院也到上海大剧院，捷杰耶夫带来了交响音乐会，1999 年，在上海就做了马林斯基戏剧节，捷杰耶夫带来两个歌剧：一个是俄罗斯歌剧柴可夫斯基的代表作《叶甫盖尼·奥涅金》，还有一个是意大利歌剧《费加罗的婚礼》，显示了马林斯基剧院的实力。当时上海大剧院还建议捷杰耶夫做一个音乐会，上海大剧院提出演普罗科菲耶夫的清唱剧《亚历山大·涅夫斯基》，捷杰耶夫答应了。

然而现在，中国的古典音乐演出市场已不再是京沪两地的二分天下，包括深圳、广州、天津、武汉、长沙，甚至南京、西安、哈尔滨等在内的国内一、二线主要城市，都已经有了新建的各大现代化专业表演艺术演出场馆，越来越多地吸引，并主动招徕到一些古典音乐演出的大项目。对于捷杰耶夫的马林斯基剧院来说，北京和上海不再是非去不可了，它需要扩展它新的演出市场。所以，在来南京之前，它在天津的几年演了一系列芭蕾舞剧，在哈尔滨和广州上演了普罗科菲耶夫鸿篇巨制的歌剧《战争与和平》。所以，事实上可以这么说：马林斯基剧院来南京演出完全是看中了南京这个有潜力的新市场。

江苏大剧院为了表现自己的“人民性”，主要采用的方法是每场演出推出一些优惠票价以及做一些艺术普及工作。优惠票价主要有两个措施：早鸟票优惠和学生专区。早鸟票优惠指的是：自开票日起第一周，一律享受 8.5 折优惠，第二周，一律享受 9 折优惠，第三周起，恢复原价销售。持卡会员可享受叠加福利。学生专区是指这次马林斯基剧院艺术节每场演出都会对学生开放 200 个优质座位，这些优质座位的票价是 100 元一张，售完即止。学生要持有效学生证前往江苏大剧院票务中心现场购买，一张学生证限购一张学生票，演出当天也要携带有效学生证，持票持证入场。每场演出的正常票价一般会有六档：1080 / 880 / 680 / 480 / 280 / 180。

为了让观众抛却“票价太高”的羁绊，江苏大剧院拿出《托斯卡》12 月 2 日场，颁布了“先看剧，后买单”政策并进行了全媒体宣传。首先，对该场演出感兴趣的观众，可在 11 月 22 日 10:00 开始到票务中心登记领票；演出凭票入场；然后，歌剧观演结束后，观众可凭自己对演出的真实评价，对演出进行“打赏”，金额不设门槛，扫描门票上的支付码进行支付即可。最后，江苏大剧院将通过对此场演出的收入以及观众对演出的评价，作为对剧院在歌剧艺术普及、剧目制作、艺术作品引进等方面工作的重要参考。江苏大剧院项目负责人说：“最大可能地将社会各阶层群众，吸纳进剧院，最直观地感受世界级艺术作品的魅力，传播文化艺术力量。这是一个新的尝试，我们希望可以通过这次尝试多了解观众的口味，更明确观众对此类演出心理价位的范围，对剧院未来的工作有很好的借鉴意义，希望可以有更多观众来参与到这场演出之中，每个观众，都有给演出评分的权利，江苏大剧院希望得到大家真诚的评价。”这是官方的说法，事先排练过的说法。如果用戈夫曼的前后台理论来说，这是“前台”，而后台是怎样的呢？事实上，《托斯卡》的票房非常不理想，后来营销推广部的朋友们觉得与其卖不出票，不如搞个“先看剧，后买单”的活动，能收到多少票房就算多少，肯定要比卖不出票强。另一方面，还可以树立江苏大剧院的形象，获得某种象征资本。所以采取了这种实验性的方法。最后，收到的票房确实很不理想，营销推广部的朋友们没有把具体数字告诉我，但最起码这个事件，让江苏大剧院获得了一些口碑。

考虑到有的观众可能因欣赏基础不足，而本能产生疏离感，所以为排除“听不懂，欣赏不来”的桎梏，江苏大剧院邀请了多位专业撰稿人深入浅出地发表了解读剧目内容、主题、艺术特色以及如何欣赏的文章。比如关于《托斯卡》、歌剧的状况与出路，江苏大剧院的工作人员请教了几位业内行家：包括音乐周报原副总编辑、中国音协音乐评论学会理事陈志音，著名歌唱家、上海音乐学院教授宋波，南师大音乐学院音乐学系主任陈新坤，对“歌剧究竟是个什么样的艺术形式？”“会不会因为时代背景的生疏、现代人理解《托斯卡》会感到隔阂？”“歌剧现在的生存现状是怎样的？”“改变南京歌剧市场‘颓靡之势’，我们还有什么努力的方向？”围绕这些问题，让这些专家进行回答，然后把他们的回答放到江苏大剧院的微信公众号上让读者阅读。[1]江苏大剧院的工作人员也会请专家来看剧，看完之后写出剧评，把专家的剧评放到微信公众号上，来提高这个歌剧具有“艺术性”“非常值得看”这些正面评价的说服力。

江苏大剧院的官方微信公众号极力渲染这次马林斯基剧院艺术节，尽其所能地突出它的盛况空前，强调它非常受到观众欢迎，这里从它的官方微信公众号上摘录几段，来感受一下它是如何借个别观众的反应来自我褒奖的：

芭蕾舞剧《天鹅湖》在中国虽然耳熟能详，但作为首演剧院的最经典版本，马林斯基剧院芭蕾舞剧《天鹅湖》在江苏大剧院成功上演，实在是圆了广大中国观众的心中之梦。有北京、上海等全国各地观众组团来南京，

[1] 《我们用〈托斯卡〉，做一场年度最大胆的剧场实验》，见微信公众号“江苏大剧院 JSCPA”2018 年 11 月 30 日。

只为追逐马林斯基剧院经典演出，有人评论，“江苏大剧院把更多的外地观众引入了南京,南京‘文化艺术大事发生地’的身份更加耀眼。”本地舞迷、乐迷则表示出“家门口的骄傲”,四方辐辏,观众追捧热烈程度,即便是“天王级”的娱乐明星，恐怕也要逊色三分。

此次芭蕾舞剧《天鹅湖》释放了一颗涵盖全年龄层次、无差别的震撼弹——人人心中都藏着一只白天鹅、一只黑天鹅，以及对光明和幸福生活永恒追求的心灵。上至耄耋老者，下至四岁幼童，都在这场“天鹅的故事”中，各美其美，追忆往昔、憧憬未来。

作为此次艺术节主办方，在《天鹅湖》璀璨绽放的同时，江苏大剧院也收获了广大乐迷、群众的一致称赞，人气水涨船高。“追着马林斯基剧院和《天鹅湖》而来，受到的是江苏大剧院满满的、忠实的爱”，有观众如此表达:“建筑有品位，服务有温度，效果有保证——难以想象，这座大剧院才开幕不过一年多一点时间。”

应该说,自开业以来,江苏大剧院秉承“人民性、艺术性、国际性”宗旨，全力推动社会公益文化艺术普及工作，以努力成为“中国一流、世界知名的表演艺术中心”，成为艺术家和人民群众向往的“艺术的殿堂,精神的家园”，更成为世界级艺术作品的展示平台、国际性艺术活动的交流平台、公益性艺术教育的推广平台为奋斗目标。这一系列目标,在芭蕾舞剧《天鹅湖》的演出中，得到了相当程度的实现。而对剧院的赞扬，也伴随着对观众的赞扬，江苏大剧院的快速成熟和江苏、南京地区观众素质的提高一路相伴。

一位北京“打飞的”赶来的资深老乐迷，自我调侃“乐龄也已过不惑之年”，在观赏了《天鹅湖》的同时，同样也欣赏了江苏、南京地区观众的现场表现，无不称赞“令人惊讶的高素质”“南京观众普遍欣赏水平高，对艺术有鉴赏力，现场掌声和谐热烈，几无杂音，掌声有力地助推演员的现场表演兴奋度，有的场面，演员绝对受到了观众的鼓舞而出现了极为饱满的表现，绝对是台上台下相得益彰。这种场面令人感动。”[1]

这些夸张的自我褒奖表现出了江苏大剧院努力地在表演自己的形象，极力地希望得到观众的认可。

用“社会表演”这一概念来形容江苏大剧院并不是要批评它的不真诚，一个剧院对自己形象的维护是很有必要的。它不仅仅是一个提供表演这一艺术行为的空间和场地，它自身的很多行为、做法都可以放入广义表演的范畴。当然剧目引进、营销推广等也都可以放进广义的表演的范畴。江苏大剧院维持自身日常的过程其实也可以说是在进行社会表演。

[1] 这几段话摘自《五场〈天鹅湖〉收官，当经典的舞剧邂逅可爱的观众》，见微信公众号“江苏大剧院 JSCPA”2018 年 11 月 27 日。

第二章
江苏大剧院的日常

这部分内容主要是我在江苏大剧院营销推广部做志愿者过程中获得的一些田野材料。为了直观地呈现江苏大剧院的日常，这一章置入了一些案例分析。江苏大剧院的日常主要可以分为两个部分：剧目引进和宣传推广。虽然剧目制作也是江苏大剧院比较重视的部分，但是数量不多。剧目引进是演出部、营销推广部和财务部共同要考虑的，宣传推广则主要是营销推广部的工作。

第一节　剧目引进

新中国成立后，中国经历了三次剧场建设的高潮时期。“第一次是在20世纪50年代，因为当时的剧场太破旧、太落后，政府花费巨大成本建造了一批剧场。在北京有天桥剧场、首都剧场、人民剧场、工人俱乐部、二七剧场、民族宫等。第二次建造剧场的高潮是在改革开放初期，如北京的保利剧场、21世纪剧场等。总的来说，这些剧场的规模大致相当于国外的中型剧院或中型偏大的剧院，基本上满足了当时国内和国际文化交流的需要。”[1] 第三次出现于20世纪末至21世纪初，随着大量支持政策的出台，以及地方政府打造“城市文化地标”的需求，一座座体积庞大、气势恢宏的大剧院与艺术中心在全国各地相继落成。

中国目前仍处于第三次剧场建设的高潮期，每年于各大城市拔地而起的大剧院有几十座之多。这些建筑虽然在称谓上不尽相同，但多数都由地方政府出资建设并负担日常运营所需的大部分消耗和开支。在发展的过程中，不少剧院尽管也在探索多样化经营方式，但仍然难以抵抗深化文化体

[1]　李畅：《永不落幕》，中国戏剧出版社2012年版，第85页。

制改革所带来的阵痛。转企改制的步伐越来越紧促，政府全额拨款的资金来源模式迅速消解，接踵而来的便是运营成本的巨大压力，这就迫使剧院管理者不得不在经营理念上做出深刻转变。

当代大剧院建起以后，大部分都采用引进剧目的经营方式，其中只有国家大剧院较多采用制作剧目的经营方式。当然，有些大剧院也会偶尔与文化公司合作制作剧目。除了剧目演出，有的大剧院会举办会议、放映电影，甚至在舞台上举办乒乓球比赛等其他活动，把大剧院当作综合类场馆使用。各个城市的大剧院通常是这座城市的文化地标性建筑，从某种意义来说，大剧院代表着一座城市的文化精神。在大剧院里长期演出高雅或者通俗的表演艺术作品，当地民众会对大剧院的公众形象形成一个认识，外地游客会通过大剧院对这座城市的文化形象形成一个认识，这就是大剧院的经营定位为自己的公众形象和城市的文化形象带来的影响。现在各地的大剧院都会举办高雅、通俗、西洋、民族等各种类型演出，举办各种类型活动，这是由大剧院缺少经营定位而造成的现象。美国和英国的非营利组织都有着清晰的使命和发展愿景，他们的业务开展紧紧围绕着自己的使命和愿景，它们有着清晰的经营定位，这是中国当代大剧院的经营管理可以借鉴的。

江苏大剧院经营的艺术形式主要包括歌剧、音乐、舞蹈、戏剧和地方戏曲五大类，基本不引进曲艺、杂技、魔术和综艺晚会节目等等，总体上呈现出中外高雅艺术百花齐放的格局定位。引进类演出节目是江苏大剧院的核心业务之一，凡是引进类节目都要经过把关，特别是海外戏剧，在引进时通常会经过重重把关。

江苏大剧院在引入海外戏剧时需经过自我把关和外部把关两大环节。

在自我把关环节中，大剧院主要经过演出策划、演出接洽、预算评估、安排排期和合同签订这些环节确定大剧院想引入的海外戏剧剧目。之后，所选定的剧目需经过外部把关，即报江苏省文化和旅游厅审批，审批通过后的剧目方能在江苏大剧院上演，进而传播给受众。

在演出策划阶段的把关，是由项目负责人来进行把关。项目负责人是演出策划的主要参与者和项目运行的主要负责人，项目负责人专业把控能力的高低在很大程度上影响着海外戏剧项目能否被合理筛选，并且成功引进。在大众传播领域，把关人是指在传播过程中决定什么信息可以被传播、传播多少以及怎样传播的人或机构。把关人的概念最先由美籍德国社会心理学家库尔特·卢因（Kurt Lewin）提出，起初应用于心理学研究，之后被应用到媒介议程设置理论研究、媒介社会学、人际传播、政治传播、组织传播和文化传播中。戏剧传播是文化传播的重要组成部分。库尔特·卢因在研究家庭食物购买决策时发现家庭主妇是家庭消费新食品的“把关人”。后来，他在《群体生活的渠道》一文中写道：“信息总是沿着含有门区的某些渠道流动，在那里或是根据公正无私的规定，或是根据把关人的个人意见，对信息或商品是否被允许进入渠道或继续在渠道里流动做决定。”[1]卢因认为，在群体传播过程中存在着一些把关人，只有符合群体规范和把关人把关标准的信息才能进入传播渠道。

卢因最先提出这个概念时是从心理学的角度来进行分析的，他认为，影响“把关人”的心理因素包括认知结构和动机两方面。卢因认为，对于任何具有把关人特点的社会现象都可以用把关人的理论来分析。戏剧传播，

[1] 转引自吴光恒：《新媒体舆论引导下的“把关人”角色嬗变》，《武汉理工大学学报（社会科学版）》2018 年第 1 期。

特别是海外戏剧的引入问题，什么样的戏剧应该被引入？引入时应该依据什么样的标准？这都需要重重把关。对于江苏大剧院来说，为观众呈现高质量的艺术作品是其宗旨所在，那么在选择引入海外戏剧时则特别需要严格并且是高质量的把关。把关人的个人素质乃至把关标准的设置都将决定着江苏的观众在江苏大剧院里面能欣赏到什么样的戏剧作品。

江苏大剧院在策划和引进海外戏剧时，会考虑这样几个因素：（一）艺术与市场并重的原则。在引进海外戏剧节目时，演出部会首先考虑剧目的艺术质量，同时兼顾其市场预期，力争实现社会效益和经济效益相统一。大剧院很强调要注重各类演出的品质、品位、品格，严格选择引进剧目。但是在对“艺术性”的理解上，江苏大剧院和国家大剧院相似，把“艺术性”理解成了“艺术的教化功能”。陈平在《剧院运营管理 国家大剧院模式构建》中说：“国家大剧院坚持‘艺术性’宗旨，坚持高品位、高水准的高雅艺术展示，其实质是在区分艺术和娱乐不同性质的基础上，凸显艺术的教化、引导功能，强调通过发展那些以光明和甜美为象征的艺术去滋养大众。”[1]江苏大剧院也追求节目要具有很高的思想性，要能够启迪思想、温润心灵、陶冶人生，可以传递真善美，传递向上向善的价值观，引导和增强人们的道德判断力和道德荣誉感。从市场预期来看，演出部要考虑所选剧目是否在国内或者本地演出过，演出的间隔频次是否适当，观众是否有足够的期待，以往演出的费用、票价和销售情况如何。对于可能产生亏损的优秀戏剧节目，江苏大剧院会在立项阶段予以政策性补贴支持。此外，还要充分考虑节目的宣传亮点和市场定位，以便引进后实现良好的传播效

[1] 陈平：《剧院运营管理 国家大剧院模式构建》，北京：人民音乐出版社2015年版，第84页

果。在综合考虑演出院团的技术水准和成本费用的基础上，演出部会选取性价比最优的节目;（二）“名家、名团、名剧”的选择标准。江苏大剧院引进戏剧时，主要考虑该剧目是否为名剧，是否为名家创作、执导或表演，该剧团是否是名团。名家主要包括世界级著名剧作家、导演和演员。因为世界级的剧作家创作的作品较为经典，对戏剧艺术的发展起到了极大的推动作用，而且经典作品一般拥有广泛的受众基础和传播影响力。名剧指的是根据文学名著改编而成的经典剧目，这些剧目具有较高的人文价值，能够触动受众心灵，经久不衰，值得传承并应该被传播推广。名团是具有很高国际声望和艺术地位的国外院团，其表演艺术能代表当今戏剧表演的最高水平。邀请这些名团来大剧院表演，不仅可以使中国受众领略到国际上艺术水平最高的表演，更能促进中外院团在艺术表演上的交流，取长补短。江苏大剧院的工作人员跟我说，在引进剧目上，江苏大剧院的领导的想法是：国家大剧院引进什么，我们就引进什么。

在演出策划阶段，项目负责人需要对打算引进的剧目写一个立项申请，综合考量这部剧值不值得引进。下面是江苏大剧院的演出部引进英国壁虎剧团的话剧《学院》的一个申请：

<table>
<tr><td>部门/子公司</td><td>演出部</td><td>提交时间</td><td colspan="2">2018.03.09</td></tr>
<tr><td>项目负责人</td><td></td><td>部门/子公司
负责人</td><td colspan="2"></td></tr>
<tr><td>公司分管
领导意见</td><td colspan="4"></td></tr>
<tr><td>类别</td><td colspan="2">☐立项　☐采购　☐报备</td><td>页数</td><td></td></tr>
</table>

续表

材料名称	关于“壁虎剧团话剧《学院》”立项申请
内容提要	为保障我院2018年演出的高水准、高质量，合理控制节目引进成本，积极拓展项目的多样性合作模式，现申请将“壁虎剧团话剧《学院》”予以立项。 壁虎剧团是英国代表性剧团，被英国艺术委员会评选为2012至13年度“国家代表作机构”。该剧团的特点在于突破传统戏剧运用语言来传递信息的方式，大胆运用极具表现力的肢体语言。在《学院》这部剧中，观众只需依靠演员的形体、表情、舞蹈、行动，就能轻松了解故事情节，惊叹于戏剧的无限可能，是一种非常有益的创作思维的反向冲击。拥有堪称最“前沿”戏剧代表作的壁虎剧团，将会一如既往地带给观众全新的形体戏剧超凡体验。 演出档期为2018年5月9、10日（周三、周四）。 我方通过采买形式引进该项目，2场演出，项目成本共计为35.42万元。

关于壁虎剧团话剧《学院》的申请

一、情况说明

享誉全球的英国代表性剧团壁虎剧团，被英国艺术委员会评选为 2012 至 13 年度“国家代表作机构”。该剧团的特点在于突破传统戏剧运用语言来传递信息的方式，大胆运用极具表现力的肢体语言。剧团曾有多部作品参加爱丁堡戏剧节，并大放光彩。

在《学院》这部剧中，观众只需依靠演员的形体、表情、舞蹈、行动，就能轻松了解故事情节，惊叹于戏剧的无限可能，是一种非常有益的创作思维的反向冲击。拥有堪称最“前沿”戏剧代表作的壁虎剧团，将会一如既往地带给观众全新的形体戏剧超凡体验。

我方通过采买形式引进该项目，2 场演出，项目成本共计为 35.42 万元。

比价过程

2 月 20 日，经与团方询价，演出费为 2 场 6500 英镑（约 11.3 万元），我方全部承担接待项中的津贴、住宿、南京市内交通及上海到南京的交通、货运费；国际货运及签证费用由我方与上海共同分摊。

团方初次提出每人每天津贴为 250 元，经谈判，价格降至 200 元。总费用由 35.7 万元降至 35.42 万元。

三、经费支出

项目费用合计 35.42 万元，计划由公司采购资金列支。

四、附件

1. 话剧《学院》项目基本资料

2. 话剧《学院》项目成本明细

3. 话剧《学院》票价方案

附件1.话剧《学院》项目基本资料

剧目基本信息

剧目名称	话剧《学院》
表演院团/个人	壁虎剧团
经纪公司	
联系人及方式	
项目人	×××
档期	2018年5月9、10日（周三周四）

续表

<table>
<tr><td>类型</td><td colspan="4">肢体剧</td></tr>
<tr><td>排期</td><td colspan="4">2018年5月9、10日（周三周四）</td></tr>
<tr><td>场地</td><td colspan="2">戏剧厅</td><td>场次</td><td>两场</td></tr>
<tr><td>主演主创</td><td colspan="4"></td></tr>
<tr><td>引进简述</td><td colspan="4">享誉全球的英国代表性剧团壁虎剧团，被英国艺术委员会评选为2012至13年度“国家代表作机构”。该剧团的特点在于突破传统戏剧运用语言来传递信息的方式，大胆运用极具表现力的肢体语言。剧团曾有多部作品参加爱丁堡戏剧节，并大放光彩。
在《学院》这部剧中，观众只需依靠演员的形体、表情、舞蹈、行动，就能轻松了解故事情节，惊叹于戏剧的无限可能，是一种非常有益的创作思维的反向冲击。拥有堪称最“前沿”戏剧代表作的壁虎剧团，将会一如既往地带给观众全新的形体戏剧超凡体验。</td></tr>
<tr><td rowspan="2">项目简介</td><td>院团简介</td><td colspan="3">壁虎剧团（Gecko）成立于2001年，是享誉全球的英国代表性剧团。剧团通过形体来探索作品，并通过高强度的运动，身体间的接触和耐力来探索动作。剧团通过合作、实验和公演的方式创作各类作品。2011年，被英国艺术委员会评选为2012至13年度“国家代表作机构”。秉承为观众“激发想象、焕发知觉、触发情感”的宗旨，剧团已先后推出了五部备受赞誉的作品，在二十个国家上演，并不断建立强化全球性合作。
该剧团曾以《外套》《泰勒之偶》《种族》《阿拉伯和犹太人》等作品的出色表现获得世界范围内众多爱好者的追捧。他们的作品遍及不同年龄层、国籍及形式，是个作品风格非常多元化的剧团。作品，累计观众人数超过40万人。其代表作《外套》（The Overcoat）曾三度到访中国，引发观演狂潮，一票难求，被媒体评价为“没有一秒钟是多余的精彩之作”。</td></tr>
<tr><td>主演主创</td><td colspan="3"></td></tr>
</table>

续表

项目简介	曲目介绍 内容介绍	《学院》讲述了病人和治疗师间的关系。Martin（马丁）和Daniel（丹尼尔），是学院的心脏。前者被女人的拒绝所压垮，后者则是由于他的家人对他所抱的希望和重担。马丁似乎注定要不断重复演绎他和他情人在餐馆里度过的一个晚上，而丹尼尔的生活却从档案柜里不断地泄露出来。 这部作品的每一个细节都是精心制作的，近乎痴迷于细节。马丁和丹尼尔的二重唱扩展一致的独白、一边与老板或监工近乎非人的同步性的谈话。他们用一种轻松、自然的轻松方式，在同一时间传递每一个词、手势、抽搐和紧张的笑声。 这正是《学院》想表现的，发生在一个你曾经遇到的最奇怪的办公室或者说医院。这是一个充满了档案柜的小城市，被受伤的人挤满了，他们似乎正在接受某种创伤治疗。有时，这个地方似乎是良性的和支持的，但在别人觉得残忍，在卡夫卡式的方式甚至是邪恶的。一瞬间，士兵们用一条不间断的链子将手臂和舞蹈连接起来；另一些人则被强迫和控制得像木偶一样。
参考项		
专家论证意见	“编舞是非常不拘一格和富于表现力的，不断变换风格，以满足这一时刻。”—— Sarah Hemming《金融时报》 “对细节的关注延伸到这个美丽的意识的各个方面，从集从橱柜到现在不祥的戏剧性的发明使用，现在时髦的配乐。总之，这是一个独特的愿景。”——Holly Williams《独立日报》 “我没有见过这样的动作质量是这些年来独一无二的，充满想象力和戏剧性。”—— Jill Sykes《悉尼先驱晨报》 “剧场内引起了自发的起立鼓掌，这是完全应得的。一个绝妙的令人深思的物理戏剧，那是一种绝对的快乐。一定要去看！”——Robin Strapp《英国戏剧指南》	

续表

专家论证意见	“这是令人信服的，迷人的，最终迫使大脑走出舒适区，试图理解人类生活和人类思维的复杂层次。在吸收和磁化的生产，作为它的挑战一样，《学院》不是一场你可以轻易遗忘的演出。”——Susan Lowes《全面爱丁堡戏剧》	
评估报告		
费用（万元）	演出费：	11.3万（2场）
	接待费：	24.12万元
	税费：	约1.1万元
	其他：	
	合计：	35.42万元

附件2.话剧《学院》项目成本明细

合同项目预算明细表

项目名称	《学院》		单价（元）	场次	人数	间数	天数	趟数	辆数	价格万元	备注
演出项			6500英镑	2						11.3	
接待项	餐补	A	200		11		9			0.99	南京、上海均摊
	住宿	豪华套间									四星级
		套房								0	
		大床房	500			11	4			2.2	
		标间								0	工作间
	住宿费总计		2.2								

续表

项目名称	《学院》		单价（元）	场次	人数	间数	天数	趟数	辆数	价格万元	备注
接待项	交通	国际交通	3637英镑							3.18	
		国内交通	134.5		11			2		0.3	
		市内交通	800				5			0.4	
		道具运输（国际）	12185 + 2620 + 425×3（英镑）							7.05	南京、上海均摊
		道具运输（国内）	12000						3	3.6	
		停车费									
	交通费总计		14.53万元								
其他项	技术人员考察										
	签证		10000		11					0.5	南京、上海均摊
	点心										
	翻译										
	租借道具										
	执行费									2.9	接待项的10%
	不可预见费									3	
	其他总计		6.4万元								
税项	个税										
	涉外税		1.1万元								演出费的10%
合计：			35.42万元								

附件3.话剧《学院》票价方案

<table>
<tr><td colspan="3">壁虎剧团话剧《学院》</td><td>A</td><td>B</td><td>C</td><td>D</td><td>E</td><td></td><td>总计</td></tr>
<tr><td colspan="3">戏剧厅</td><td>580</td><td>380</td><td>280</td><td>180</td><td>80</td><td>不可售</td><td></td></tr>
<tr><td colspan="2" rowspan="2">普通票</td><td>数量</td><td>165</td><td>105</td><td>107</td><td>305</td><td>276</td><td>56</td><td>958</td></tr>
<tr><td>金额</td><td>95,700</td><td>39,900</td><td>29,960</td><td>54,900</td><td>22,080</td><td></td><td>242,540</td></tr>
<tr><td>引进成本</td><td>354,200</td><td>成本均价</td><td>185</td><td>场次</td><td>2</td><td>实际均价</td><td>253</td><td>总票房</td><td>485,080</td></tr>
</table>

从这项申请中可以看出，项目负责人还需要预算项目成本。而且，之前需要有个演出接洽环节。基于已经有的演出策划方案，项目负责人会跟对方院团的制作人和艺术总监进行接洽沟通，就演出时间、演出费用、演出团队阵容、演出剧目、舞美技术要求、演出行程、用车需求等问题进行详细谈判。在这一环节，通过细致的沟通交流来确定所策划引进的剧目是否可行。预算评估环节主要由演出部和财务部共同负责。影响项目预算的因素是多方面的，包括演出价格、演出补贴、国际旅费、税费、运费、签证、报关、清关、本地接待、交通、食宿、场地成本、翻译等人员配备、租赁道具等等。对于海外戏剧的引进，演出部就演出经费与对方院团洽谈后会做出项目预算的初步评估。之后，财务部会参考同类节目过往的销售记录、价格等因素，进行演出预算审定和收支预估，严格控制项目成本，并提出财务建议。

上述这个关于壁虎剧团话剧《学院》的申请案例是比较细致的，其实它是已经基本确定了要引进之后项目负责人写的一个申请。在每一年年初，江苏大剧院会制作一张这一年度的演出项目费用评估和意见汇总表。需要把这一年打算引进的剧目的演出时间、项目名称、演出成本、宣传成本、营销成本、类别、场次、演出部意见、营销推广部意见、财务部意见都填上。演出部会先填上演出时间、项目名称、演出成本、类别、场次、演出部意见，然后让营销推广部填写宣传成本、营销成本、营销推广部意见以及让财务部也给出意见。

比如这里我选取2018年演出项目费用评估和意见汇总表中演出部打算引进的一些剧目，因为这时候这个剧目到底能不能被引进还没有被确定，还只是演出部非常初步的想法，所以，它给的意见会比较简单：

1. 2018年3月17日（星期六）

丹麦国家广播交响乐团音乐会（交响音乐会）

演出成本：103　　　　场次：1

演出部意见：成立于1925年的丹麦国家交响乐团历史悠久，以“做最好的，并且只做最好的”为座右铭。自2012年起，乐团的首席指挥一直是西班牙指挥大师拉斐尔· 弗吕贝克，在他逝世之后，乐团迎来了他们的新一任首席指挥，来自意大利的法比奥· 路易斯。后者与德累斯顿国家交响乐团长期合作，作品包括瓦格纳全套《指环》等。

承接条件：演出费5万欧元每场（共1场）（指挥，独奏，乐队演出费，国际货运，国际机票），外加110人落地交通＋酒店＋当地单程及货运分摊。

2. 2018年12月9日（星期日）

挪威国宝级天团神秘园2018中国巡演（室内音乐会）

演出成本：79　　　　场次：1

演出部意见：神秘园是一支著名的新世纪音乐风格的乐队。由两位才华出众的音乐家组成：Rolf Lovland（罗尔夫· 劳弗兰）和 Fionnuala Sherry（菲奥诺拉· 莎莉）。乐队成立于 1994 年，其音乐融合了爱尔兰空灵缥缈的乐风以及挪威民族音乐及古典音乐，乐曲恬静深远，自然流畅，使人不知不觉便已融入其中。

承接条件：演出费 6.5 万欧元 / 场（税后，3000 座以内）+ 人员设备国际旅运均摊：总预算约为 4 万欧元 + 津贴：60 欧元 / 人 / 天（共 16 人）+ 国内旅费（到下一站演出地的单程交通，3 张商务舱、13 张经济舱机票，及不超过 500KG 的设备运输。如陆路，设备可放置在大巴行李舱中；如航班，需作为额外行李托运）+ 当地交通（接送机场 – 酒店 – 演出 / 排练场地，1 辆 7 座商务车、1 辆 53 座大巴）+ 酒店（国际酒店集团旗下五星级酒店，3 个套房，13 个单人间）

3. 2018 年 11 月 2 日（星期五）

德慕斯告别巡演钢琴独奏音乐会（独奏音乐会）

演出成本：12　　　　演出场次：1

演出部意见：德慕斯是著名的“维也纳学派三杰”之一；他是 20 世纪最伟大的钢琴家之一；他在卡拉扬时代就已是传奇；告别巡演曲目将从他人生中第一场独奏会的曲目中选曲；我们手上有艺术家发给我们的首场独奏会节目单的扫描件；我们还在争取要拿到大师人生中第一份彩色节目单，毕竟他是一个经历过从黑白到彩色印刷的艺术家；这既是大师 90 周岁的纪念巡演，也是一次告别性的巡演。

承接条件：演出费 6 万 + 国际旅费均摊（奥地利到中国的商务舱）+ 五星级酒店（两间豪华大床房 2 晚）+ 餐补每人每天 200（总共 2 人）

4. 2018 年 5 月 26 日（星期六）

巴黎木十字男童合唱团音乐会（人声音乐会）

演出成本：27　　　　演出场次：1

演出部意见：巴黎男童合唱团，与维也纳童声合唱团、德国托尔策童声合唱团并列成为世界三大男童合唱团。合唱团以清纯稚嫩的外表、婉转清澈的莺喉、天籁般的歌声征服了全球 80 多个国家的观众，被教皇亲切地称为“和平小天使”。法国作曲家米晓曾盛赞：“巴黎合唱团是集结信念、记忆、热忱与才华的奇迹”。

承接条件：共 30 人。演出费：1.5 万欧元 / 场（税后）+ 签证费均摊（28 位团员中国签证费用共计 3528 欧元）+ 旅费均摊（巴黎往返中国的 28 张经济舱机票，澳门 / 珠海往返首末站的 1 张经济舱）+ 国内旅费（到下一站演出地的单程交通，30 张经济舱机票）+ 当地交通（接送机场—酒店—排练演出场地）—+ 酒店（四星，4 个单人间，13 个双人间）+ 餐食（午餐及晚餐）

5. 2018 年 9 月 14 日—16 日（星期五—星期日）

德国汉堡国家歌剧院《魔笛》（改编版歌剧）

演出成本：600　　　　演出场次：3

演出部意见：《魔笛》是享誉世界的“音乐天才”莫扎特所创作的歌剧代表作之一。这部德国汉堡国家歌剧院的改编版，将从孩子的视角出发重新创作，讲述的是两个不同血统的小男孩在奇境世界里经历了重重考验而最终获得成长的故事。该剧将大量使用定制化投影（如结合南京的街景）而不是传统布景，将于明年上海大剧院的 20 周年庆上进行首演，随后拟于各地展开巡演。

承接条件：引进演出费待确认（包括 20 人的青年合唱团 +8 名独唱歌手 + 舞台指导 + 指挥）+ 乐团费用（25 人左右编制）+ 落地接待（细节仍待确认）

6. 2018 年 5 月 12 日（星期六）

国家话剧院《大宅门》（话剧）

演出成本：93　　　　演出场次：2

演出部意见：由中国国家话剧院创排、著名导演郭宝昌执导、集结刘佩琦、吴樾、雷恪生等全明星阵容的话剧版《大宅门》是国内最具影响力的精品话剧之一。

中国国家话剧院是国内顶尖的话剧院团，拥有雄厚的艺术创作资源和辉煌的历史传承。

自 2013 年在国家大剧院首演后，该剧不论走到哪里都是一票难求、口碑爆棚，在北京创造了戏未排完票先售罄的奇迹。

同名电视连续剧已然是观众心中难以磨灭的经典之作。此次话剧版将电视剧浓缩成了两个半小时的精华，悉数呈现电视剧中经典桥段。

承接条件：35 万元 / 场，2 场起接；100 人落地交通；3 辆货运车；四星级酒店。

这些也是演出部在跟对方院团初步洽谈之后提供的资料，接下来需要营销推广部给出意见，比如下面是营销推广部对于引进国家话剧院的《大宅门》的意见：

国家话剧院《大宅门》

一、其他剧院演出情况回顾

演出时间：2017 年 10 月 13-14 日 19:30，10 月 15 日 14:30

演出场馆：陕西大剧院 歌剧厅

演出票价：180 / 280 / 420 / 560 / 680- / 880

演出时间 :2017/4/14-15 19:00

演出剧场：哈尔滨大剧院 歌剧厅

票演出价：VIP580 / 480 / 380 / 280 / 180 / 120

演出时间：2013 年 08 月 21 日至 2013 年 08 月 31 日

演出场馆：国家大剧院戏剧场

演出票价：880 / 680 / 580 / 480 / 320 / 200

演出时间：2013/11/13-17 19:15

演出地点：上海大剧院大剧场

演出票价：980 / 880 / 680 / 480 / 280 / 180 / 80（公益票）

二、网络口碑

我是蛋儿啊
9-27 11:21 来自iPhone 7 Plus
啥叫手慢无！就想看个《大宅门》的话剧，一查北京10场竟然都没票了！没票了！怒摔！带爸妈坐高铁去西安看啊~还能吃个泡馍啥的！

吴樾
✓已关注
9-28 11:09 来自iPhone 7 Plus
大宅门，火爆京城，全部售罄，真没票了！

三、背景介绍

根据郭宝昌原著改编的同名话剧《大宅门》是国家话剧院酝酿多年、计划搬上舞台的重磅大戏。2013年年初，该剧在国家大剧院首演亮相，再现医药世家白府经历清末、民国、军阀混战、解放等时期的浮沉变化，忠实地反映了一个大家族随着国家、民族的历史发展而发展的渐变过程，广受好评。

话剧版《大宅门》编剧刘深，导演郭宝昌、李欣凌，演员阵容汇集了吴樾、常玉红、娜仁花、张岩、刘佩琦、雷恪生等中国国家话剧院新老艺术家。

四、宣发意见

强烈建议引进！陕西大剧院作为开幕演出的项目，宣传推广周期一个半月，全部售罄。

如果是全明星阵容（包含三位主角），建议引进2–3场，票房应该不愁，票价可参考陕西大剧院的。

营销活动：建议做刘佩琦、雷恪生的大型分享会、见面会，地点在剧院戏剧厅最佳。

推广计划：另外建议投放户外硬广，户外资源建议使用在这类不需和百姓多解释的“大俗”项目上，还建议做朋友圈的广告投放，微博的开机画面。但是大力度的推广投放在起码3场（全明星）的引进上。

在推广思路上，主打电视剧怀旧风，以几位主演为切入点，多放电视剧片段和舞台剧照。

五、推荐指数

五颗星

营销推广部关注的是一个剧目的其他剧院演出情况以及网络口碑，然后它会给出宣发意见。在项目引进过程中，营销推广部也会制作营销推广意见表，就是这个项目该如何营销和推广。下面是营销推广部对两个项目给出的营销推广意见：

江苏大剧院项目引进营销推广意见表			
项目名称	朱丽叶·比诺什戏剧配乐朗读《以某种方式生活》	演出厅	戏剧厅
引进成本	74.1万	预计票房	43.9万
演出日期	8.31	开票日期	
营销周期	最好预留一个季度以上商务会谈时间		
申请文化补贴节点			
能否有赞助			

续表

<table>
<tr><td colspan="4">营销项目人意见：法国文艺片女演员，奥斯卡影后朱丽叶·比诺什，朗读以香颂女王芭芭拉为主题的文章，两位都是小众文艺界的法式小清新，受众比较固定。建议借助使馆力量在有法语基础的观众群体中推广，联合法盟共同营销，或找经纪公司搭线拉品牌赞助，如该主演所代言的“合生元”奶粉。宣传过程中，建议将“戏剧配乐朗读”更名为“独角戏”。
线下活动方面，演出部是否可谈到让朱丽叶配合一场以“法国文化”为主题的大师课（合作思路是可将该线下活动拉到赞助商方）。</td></tr>
<tr><td>营销项目人意见</td><td colspan="3">同意　　　　　　　　不同意</td></tr>
<tr><td>营销项目人签字</td><td></td><td>部长签字</td><td></td></tr>
</table>

<table>
<tr><th colspan="4">江苏大剧院项目引进营销推广意见表</th></tr>
<tr><td>项目名称</td><td>NTLive</td><td>演出厅</td><td>国际报告厅</td></tr>
<tr><td>引进成本</td><td></td><td>预计票房</td><td></td></tr>
<tr><td>演出日期</td><td></td><td>开票日期</td><td></td></tr>
<tr><td>营销周期</td><td colspan="3"></td></tr>
<tr><td>申请文化补贴节点</td><td colspan="3"></td></tr>
<tr><td>能否有赞助</td><td colspan="3"></td></tr>
<tr><td colspan="4">营销项目人意见：NTLive2015年中英文化年开启中国巡演，得到英国大使馆文化教育处的支持，2016年为演出大年，2018年热度渐降温，建议细水长流，每月引进一部，在剧院周边基础设施尚未完善之际周五放映，或有演出的周六周日之前放映。并按照系列和周期设置套票，成组营销。票档设置在三个左右，西安票价为90/120，上海为100/150/200，纽约为25美元/学生10美元。如低成本，可保本即可引进。上海最惨淡场次仅15人，西安也日渐减少放映数量，该项目需根据市场形势决定。</td></tr>
</table>

续表

另外，由于B站、百度云、闲鱼淘宝等网上资源比较多。建议引进具有看点的节目：明星效应:哈姆雷特（卷福）、弗兰肯斯坦（卷福、米勒）、科利奥兰纳斯（抖森）、女王召见（海伦·米伦）、深夜小狗离奇事件（热门小说）、桥头风景、魔笛、战马（有中国观众基础）、爱丽丝梦游仙境(儿童类)、天使在美国(2018奥利弗奖提名,未放映过且口碑好)。最终测算放映成本。请问，合同中有否规定，不可在影片开始前放一段广告？对售票价格有没有规定？ 推广项目人意见：英美在NTLive宣传之初投入大量硬广，预告片在几乎每个热门电影开场前投放，推广成本需要列入考虑范畴。NTLive在南京仍是新形式，需要和观众集中解释，西安音乐厅开发布会的方式是让史航来做一个公益课堂，目的是聚拢人气，然后借此机会向垂直观众解释该项目。建议可以将"戏聚江苏"艺术节发布会与其合并,免费邀请观众试看一场,成为戏剧节发布会的一个环节。 能让观众愿意花钱看有资源的戏，可每场放映前后设置类似演前导赏的普及课堂，邀请比较有名气的教授或戏剧人。			
营销项目人意见	同意　　　　不同意		
营销项目人签字		部长签字	

等到一个项目被演出部、营销推广部和财务部都同意之后，接下来要安排演出排期。

"演出排期"这个概念，从字面理解就是"给演出排定日期"，显然，这是从剧院管理者的主观角度来定义的，是指剧院管理者凭借自身拥有的剧场空间，根据商谈确定的演出项目的计划来安排适当的时间。演出排期的主体是剧院管理者，客体是演出项目，实质上是剧院管理者对演出项目的空间、时间的安排计划。显而易见，演出排期的要素包括三个基本方面：一是演出项目；二是演出档期，包括演出时间场次和装台时间等；三是演出地点，即演出的剧场空间，综合考虑这些因素之后会被制作成一个表格。比如下面是江苏大剧院2018年4月的各厅排期表：

	星期日	星期一	星期二	星期三	星期四	星期五	星期六
	1号	2号	3号	4号	5号	6号	7号
歌剧厅		机械、灯光设备检查	机械、灯光设备检查	机械、灯光设备检查	机械、灯光设备检查	机械、灯光设备检查	
戏剧厅			音响设备检查				演出：《青衣》时间：14:30
音乐厅	演出：韦尔比耶音乐节室内乐团音乐会时间：19:30						
综艺厅			音响设备检查	音响设备检查			
国际报告厅							
多功能厅							
美术馆							

续表

	8号	9号	10号	11号	12号	13号	14号
歌剧厅	音响灯光设备检查	音响设备检查					
戏剧厅	演出：《青衣》时间：14:30	机械、灯光设备检查	机械、灯光设备检查	机械、灯光设备检查	机械、灯光设备检查	机械、灯光设备检查	
音乐厅					艺术普及：来水滴系列学校：致远外国语小学时间：14:00-15:30		
综艺厅	音响设备检查				租场活动：人社厅省级机关公务员大讲堂时间：14:30-18:00	租场活动：朝晖25周年慈善颁奖典礼（装台）	租场活动：朝晖25周年慈善颁奖典礼（演出）时间：14:00-17:00
国际报告厅				音响设备检查	音响设备检查		
多功能厅			音响设备检查				
美术馆				展览："走进新时代、共筑新长城"江苏省全民国家安全教育主题展开幕式（预演）。时间：9:00开始	展览："走进新时代、共筑新长城"江苏省全民国家安全教育主题展开幕式。时间：9:00		

续表

	15号	16号	17号	18号	19号	20号	21号
歌剧厅							
戏剧厅		莫愁湖小学公益活动（待定）					
音乐厅					艺术普及：来水滴系列学校：致远初级中学 时间：14:00-15:30（暂定）	艺术普及：来水滴系列学校：致远外国语小学分校 时间：13:30-15:00	
综艺厅		机械、灯光设备检查	机械、灯光设备检查	机械、灯光设备检查			
国际报告厅	协办活动：					机械、灯光设备检查	
	纪念周恩来诞辰120周年 时间：14:30-18:00						
多功能厅							
美术馆							

续表

	22号	23号	24号	25号	26号	27号	28号
歌剧厅							
戏剧厅					演出：话剧《五个夜晚》装台	演出：话剧《五个夜晚》演出时间：19:30	演出：话剧《五个夜晚》演出时间：19:30
音乐厅		机械、灯光设备检查	机械、灯光设备检查	台下机械设备检查			
综艺厅							
国际报告厅				灯光设备检查	灯光设备检查		
多功能厅					艺术普及：古琴大师课		
美术馆							

	29号	30号	演出：7台 活动：3场 展览：1场 艺术教育活动：5场
歌剧厅			
戏剧厅			
音乐厅	演出：维也纳柏林爱乐音乐家合奏团音乐会时间：19:30		
综艺厅			
国际报告厅			
多功能厅			
美术馆			

安排排期的工作主要由演出部负责人和演出排期专题会的参与者共同承担。主要流程为演出部初排、部门联席会审核调整、院长专题会初审、院长办公会终审，然后发布实施。演出部以演出季为单位，将引进的戏剧剧目纳入演出季的排期表中，连同其他演出剧目一起，形成演出排期总表。之后，演出部、剧目制作部、市场部、舞台技术部、管弦乐团、合唱团、品牌推广中心、发展部、办公室、财务部的相关负责人参加部门联席会议。在联席会议上，众多相关负责人会审定引进类戏剧是否适合在大剧院上演及其排期场次是否合适。之后，分管演出方面的副院长和各部门负责人会召开演出排期专题会，在这一会上，与会人员会对所引进的戏剧的质量、档期、场次、舞台装台时间、宣传频次、销售预期与市场承受力、国际大团与重点艺术节庆板块是否安排合理进行审定，之后演出部再对排期进行调整。

调整后的排期表会提交到院长办公会。之后，以院长为代表的院领导小组会对排期表进行审定。在这一环节中，院领导小组会依据演出部提交的演出排期表、演出项目主要情况介绍、主体艺术节策划方案、项目成本预算、引进类重点项目政策性补贴申请报告等材料，着重考虑演出排期是否合理、节目在艺术质量和市场预期方面是否存在问题。

当演出排期被确定下来之后，下面要签合同。合同作为约束性文件，是戏剧引入过程中，江苏大剧院和海外剧团需要共同遵守的依据。下面的案例是江苏大剧院运营管理有限公司与株式会社梶本音乐事务所于 2017 年 4 月 26 日签订的关于慕尼黑爱乐乐团音乐会的演出协议：

协议双方

（1）江苏大剧院运营管理有限公司，根据中华人民共和国法律成立并存在的组织。注册地址为：江苏省南京市建邺区江东中路369号新华传媒大厦21楼（以下简称“甲方”）

（2）株式会社梶本音乐事务所，注册地址为TOKAIDO GINZA BLOG,5F,6-4-1 GINZA, CHUO-KU, TOKYO 104-0061, JAPAN（以下简称“乙方”）。代表慕尼黑爱乐乐团（以下统称“艺术家”）。

宗旨

乙方所代理的艺术家慕尼黑爱乐乐团受邀于2017年11月18-19日参加在中国南京由甲方主办的慕尼黑爱乐乐团音乐会。

甲方为音乐会的主办方并负责办理音乐会演出的相关政府许可。

甲方保证本地演出的场地为江苏大剧院，并保证场地状况良好，适用于演出。因任何非不可抗力因素而导致的演出场地变更的，甲方应按照本协议条款5.2项所述的承担赔偿责任。

因此，双方经友好协商，协议如下：

条款一：此合约分以下条目：

时间：从2017年11月16日（抵达南京）到2017年11月20日（离开南京）。

演出场次

场地：演出地点在甲方经营的场地内：江苏大剧院音乐厅，座位总数为1480。

时间：音乐会于2017年11月18、19日每晚19:30开始，演出时长约为90分钟，包括1次中场休息，中场休息时间为15分钟。

名称：音乐会的全名为“慕尼黑爱乐乐团音乐会”

费用[1]

曲目

11 月 18 日曲目

贝多芬——《莱奥诺拉》第三序曲

韦伯——《奥伯龙》序曲

瓦格纳——《唐豪瑟》序曲（巴黎版，无“酒神的狂宴”）

布鲁克纳——第三交响曲

11 月 19 日曲目

拉赫玛尼诺夫—第四钢琴协奏曲（独奏：丹尼斯·马祖耶夫）

柴可夫斯基—第六交响曲

交通

甲方负责安排艺术家于 2017 年 11 月 16 日到 2017 年 11 月 20 日的本地交通（包括酒店与音乐厅间接送、机场接送）。乙方及艺术家除工作外的交通，包括但不限于观光或购物，甲方概不负责。

住宿

甲方负责安排艺术家在南京期间的住宿。住宿时间为 11 月 16 日入住，11 月 20 日离店，要求国际五星最多总数不超过 135 间（包括套间和单间）4 晚的住宿，含免费自助式早餐及无线网络。4 晚总计不超过 540 个。酒店需得到艺术家认可。

曲目更换

任何曲目的更换必须经双方及艺术家友好协商后共同确定。

[1] 费用这部分是大剧院的保密内容。

条款二：甲方责任与义务

2.1 场地

甲方须确保乙方艺术家在2017年11月16日至19日演出期间排练、调律及音乐会演出的场地均为江苏大剧院。空调须在排练及音乐会一小时前打开。在艺术家排练期间须保证音乐厅安静，闲杂人等不得出入。演出期间，甲方有责任确保前五排无7岁（或以下）、1.2米（或以下）儿童。

2.2 钢琴

甲方负责安排并确保为乙方乐团独奏家提供1台状况良好的施坦威D型钢琴，于2017年11月16日前完成准备以供乐团独奏家在江苏大剧院的排练、调律及音乐会演出使用。同时甲方负责安排好安静的场地、钢琴供艺术家排练使用。

2.3 音乐会门票

票务:甲方负责音乐会的门票定价及销售工作,并享有音乐会全部票房。双方赞助分成等事项由双方另行协商签订书面协议。

工作票：甲方须向乙方免费提供每场20张VIP档的音乐会门票作为工作票。

2.4 宣传

该场音乐会所有宣传活动责任所产生的费用由甲方负责。所有采访以及宣传品制作印刷工作须提前经乙方及艺术家同意后方可执行，宣传印刷品包括但不限于海报、单页、节目册。甲方应向乙方免费提供其印制的宣传材料5份留作存档（如有）。如甲方安排乙方参加当地组织的赞助或媒体活动，须提前一个月告知乙方，并将活动内容及具体安排以书面形式邮件给乙方，经乙方书面确认后执行。甲方将在该场音乐会的节目册、海报、单张等与此次音乐会相关的所有宣传品以及新闻发布会中（如有）以中英文体现KAJIMOTO为协办方，并加上logo。本条款不得解释为甲方有义务必须印上宣传印刷品或提供音乐会采访、新闻发布会等媒体活动。

2.5 版权

如甲方未征得乙方同意使用乙方艺术家的资料（文字、图片、音视频等）做宣传，将被视为侵权，甲方须负法律责任，由此发生的经济损失由甲方承担。

2.6 报批

甲方负责进行演出地场地的演出报批并提供举办演出所需要的一切执照和许可证明。

2.7 安保

甲方负责演出现场的安全保卫、消防、安全检查、现场秩序维护及验票工作。

甲方确保场地公众责任险的支付。

条款三：乙方责任与义务

3.1 音乐会

3.1.1 时间：乙方确保艺术家于2017年11月16日到达南京，并按照条款一所列出的日期和时间进行排练、演出。

3.1.2 乙方保证已完全理解并将严格遵守甲方制定的演出规则，遵守剧场管理的各项规章制度，履行必要手续，包括但不限于舞台管理制度、化妆间使用规定等，确保爱护所用设施设备及各类财产，如有损坏，照价赔偿，并承担相应责任。乙方及艺术家的私人物品应自行保管，甲方提供剧院基本的安保配备，如发生物品丢失等情况由实际侵权人负责赔偿。

3.1.3 乙方保证在与甲方签订本次演出协议后，在演出的前后六个月，不得再在南京举办与本次相近的演出活动，不得再在南京签订与本次内容相近的演出合作协议。

3.1.4 演出质量：乙方确保艺术家对音乐会进行充分排练和准备，按时参加准备和排练/彩排，保证按协议约定的演出、乐手配置、人数、时间、地点进行演出，以确保最高质量的演出。

3.2 宣传

3.2.1 媒体活动：在不影响本次演出且艺术家日程安排许可的情况下，乙方尽力确保艺术家参与甲方安排的同本场音乐会宣传有关的活动，如媒体采访、新闻发布会等。如甲方安排乙方参加当地组织的赞助或媒体活动，须提前一个月告知乙方，并将活动内容及具体安排以书面形式邮件给乙方，经乙方书面确认后方可执行。

3.2.2 宣传资料：乙方须在本协议签订的15个工作日内向甲方提供艺术家相关的高清晰度图片资料、文字介绍以及视频资料等，以便用于制作此次演出在公关活动中所必需的宣传资料手册。

3.3 版权

版权：乙方须确保对演出内容及提供的全部资料（文字、图片、音视频等）为该场音乐会享有合法的使用权，包括但不限于宣传品人物肖像权等。具体约定为：

3.3.1 双方共同认可本协议款项中已包含乙方授权甲方许可使用本次演出所涉及的著作权利的许可使用费以及表演者名称宣传权使用费，甲方无须另行向乙方支付任何费用。

3.3.2 乙方承诺，乙方已获得本次演出所涉的全部曲目著作权或著作权许可：甲方无须对演出曲目支付任何许可使用费。若任何第三方向甲方主张侵权责任的，所引发的全部法律责任均由乙方承担；甲方承担上述法律责任的，有权向乙方追偿，要求乙方赔偿由此造成甲方的一切损失（尤其赔偿甲方的名誉损失），包括但不限于甲方被要求支付的相关权利许可使用费用、诉讼费、代理费、交通费、取证公证费；乙方承诺，乙方已获得本次演出所涉的全部曲目乐谱使用权，甲方无须就演出曲目乐谱向乙方或任何第三方支付任何许可使用费。

甲方应负责所有曲目在南京的表演权许可。

3.3.3 若发生任何第三方权利人向甲方主张本次演出的著作权、团体名称权等权利的侵权责任的，所引发的全部法律责任均由乙方承担；甲方承担上述法律责任的，有权向乙方追偿，要求乙方赔偿由此造成甲方的一切损失（尤其赔偿甲方的名誉损失），包括但不限于甲方被要求支付的相关权利许可使用费用、诉讼费、代理费、交通费、取证公证费。

3.3.4 若由于乙方提出的要求使得甲方因本次演出向相关著作权利人/著作权集体管理支付许可费用的，甲方有权从代付款中直接予以扣除。若由于甲方提出超出乙方曲目方案外的要求使得艺术家或乙方因本次演出向相关著作权利人/著作权集体管理支付许可费用的，甲方负责承担。

3.4 差旅费用

乙方须负责艺术家及乙方工作人员的国际和国内机票的安排及费用支付。国际旅途过程中所产生的一切额外费用，包括承担国际旅途中产生的杂费，以及有可能产生的行李超重的罚款，均与甲方无关。

3.5 报批

乙方确保在本协议签署后20个工作日内向甲方提供演出报批所需的全

部文件，包括但不限于艺术家将于南京所有演出曲目的材料以及音视频材料，并保证其真实性、时效性。

3.6 安全

艺术家应负责自身来华在音乐厅演出期间的人身安全保险。非甲方过错导致的人身安全问题，甲方将不负任何责任。甲乙双方均应遵守《中华人民共和国治安管理条例》等各项法律法规，如因任何一方的故意、过失，给其自身或第三人造成损失，与非过错方无关，过错方将自行承担全部责任。

3.7 安保

乙方须遵守甲方的场地管理规定并有责任保证演出的顺利完成。

条款四：舞台及后台要求

4.1 调律

甲方应提供一名训练有素、经验丰富的调律师以保证演出期间必要的调律。其中，2017 年 11 月 19 日音乐会的钢琴调律于演出当天在江苏大剧院进行，确保至少两次调律，分别于排练开始前与演出开始前。如发生钢琴协奏曲曲目调整至下半场演出，甲方应保证中场休息时增加一次调律。该调律师须在排练及演出过程中全程在场，并对艺术家所提出的需求进行随时调整，包括但不限于微调、击弦机调整、律值的再次矫正等。调律的律值应在演出前 5 个工作日由乙方书面确认。

4.2 化妆间

甲方负责提供必需的化妆间（包括 VIP 化妆间）在排练及音乐会期间供艺术家使用。甲方须保证化妆间整洁干净，并为音乐家准备如下的食、饮品必需品：

瓶装矿泉水，冷热饮用水，咖啡，茶，纸巾，水果，西饼点心，及其他甲方同意为艺术家准备的食品或必需品。以上饮品在音乐家的排练及演出时应摆在后台区域。

4.3 技术支持及要求

4.3.1 技术支持：甲方负责排练、音乐会时的灯光、音响设备及洗手间设施，包括舞台和基本灯光音响等设备、项目负责人及舞台工作人员。排练时间表以演出前5个工作日内双方书面确认为准。

4.3.2 技术要求：乙方需要在音乐会开始之日1个月前向甲方提供技术上的需求。

4.4 录音录像

除非提前获得乙方及艺术家书面同意，甲方不得在排练及演出期间进行任何录音、录像、拍照。经双方及艺术家提前书面确认后，甲方有权摄制15分钟的录像、视频，并有权公开使用其中连续5分钟的材料作为宣传素材。

条款五：违约责任及终止

5.1 如艺术家因病或伤害等原因不能参加原定的演出，乙方应尽一切可能寻找替代的艺术家，双方协商一致且得到甲方认可后，确认候补人选。如乙方未能成功找到替代的艺术家，须及时书面通知甲方并出具省级以上医院诊断证明。此种情况下，若由于演奏家疾病导致无法顺利、保证质量完成演出的，双方协商一致同意后可推迟演出，演出时间由双方另行协商确定。

甲乙双方均明确艺术家疾病属于不可抗因素。如双方无法协商一致导致演出取消的，本着双方友好合作的前提，在乙方出具省级以上医院诊断证明，并就音乐家替换的相关事宜与甲方进行正式交涉后，损失经双方协商一致后共同承担，即双方各自承担各自损失，甲方不再向乙方支付费用且乙方应退还甲方已向乙方支付的艺术家演出费用及每日津贴。

5.2 如甲方因非不可抗力原因取消演出或导致演出无法进行，在甲乙双方协商演出改期无果的前提下，甲方应依据取消时间向乙方支付违约金：本协议签署后至音乐会开始三个月前取消的，甲方应支付本协议条款1.3项中所述的全部费用的50%作为违约金；音乐会开始三个月前至音乐会开始一个月前取消的，甲方应支付本协议条款1.3项中所述的全部费用的80%作为违约金；音乐会开始前一个月内取消的，甲方应支付本协议条款1.3项中所述的全部费用作为违约金。对于甲方已经支付的全部费用，乙方自行抵扣上述违约金后将剩余部分退还甲方，如甲方已支付费用不足以抵扣上述违约金，不足部分甲方应当继续承担赔偿责任。上述违约金不足以弥补由此给乙方造成的经济损失的，甲方继续承担赔偿责任。该经济损失包括但不限于乙方为此演出所支付的宣传费、交通费、住宿费、餐饮费等一切必要费用。乙方应提供费用凭据。甲方向乙方支付的全部费用（包括预付款、违约金、经济损失赔偿等）不超过合同标的总价。

5.3 如乙方因非不可抗力原因取消演出或导致演出无法进行，在甲乙双方协商演出改期无果的前提下，乙方除返还甲方已向乙方支付的所有费用外，应依据取消时间向甲方支付违约金：本协议签署后至音乐会开始三个月前取消的，乙方应支付本协议条款1.3项中所述的全部费用的50%作为违约金；音乐会开始三个月前至音乐会开始一个月前取消的，乙方应支付本协议条款1.3项中所述的全部费用的80%作为违约金；音乐会开始前一个月内取消的，乙方应支付本协议条款1.3项中所述的全部费用作为违约金。该违约金不足以弥补由此给甲方造成的经济损失的，乙方继续承担赔偿责任。该经济损失包括但不限于甲方为此次演出所支付的宣传费、制票费、交通费、住宿费、餐饮费等一切必要费用和由此引发的观众退票费用以及一切有关观众退票纠纷赔偿。甲方应提供费用凭据。乙方向甲方支付的最大赔偿总金额不超过合同标的总价。

5.4 甲方逾期支付乙方协议条款 1.3 项中所述费用的，每逾期一日，向乙方支付应付未付金额万分之二的逾期付款违约金。本条款不影响其他赔偿条款。

条款六：不可抗力因素

6.1 若在本协议履行期间发生不可抗力事件，受到不可抗力影响的一方不能履行或不能完全履行本协议时，应在不可抗力事件发生后 5 日内书面通知对方，并在 15 日内提供或寄送有关权威机构出具的证明。除非双方另行达成协议，否则任意一方都需在不可抗力事件结束后继续履行本协议条款。本条款中的“不可抗力”指地震、台风、火灾、洪灾、战争或其他重大自然灾害，以及因政府行为导致的航班或道路征用等。同时，因为突发性气候原因或政府行为导致的航班大面积延误或取消（此条款中所定义的“大面积”延误或取消应指乐团搭乘航班所在地机场 90% 或以上航班取消或延误）或机场关闭亦应当划为“不可抗力”的范畴。这些不可抗力皆须发生在此条款签订后，具有不可预见性（或是可预见其发生，但情理中不可避免），同时超过协议双方所能控制的范围，并阻碍了本协议中部分或全部事宜的进展。

由于不可抗力导致的原因造成艺术家不能如期出演，甲乙双方将协商一致后确认同等级别的候补人选，同时由于更换人选产生的所有费用及导致观众的退票款等损失经双方协商一致后共同承担，即双方各自承担各自损失，乙方退还甲方已向乙方支付的艺术家演出费用。

条款七：协议的转让与保密

7.1 未经对方事先书面同意，任何一方不得将其在本协议中的权利或义务全部或部分转让给任何第三方。

7.2 双方同意此协议中的条款，特别是涉及财政的条款。双方不能以任何方式向他人泄露此协议中的条款。除非一方要告知其合作伙伴，总监，员工，会计，法务人员或是财政咨询师。这些人也严禁将此协议中的条款泄露给其他人，除非是在庭审过程中或被法律要求，应正当合法地不去违背此类法律进程。

条款八：协议修改

8 本协议条款的更改、补充以及取消皆须甲乙双方通过书面文件确认后方可生效。任意条款的修改和解除都是无效的，除非有相关书面协议。并且以协议的形式签订才方可生效。任一方不能完全履行该协议所规定的款项内容，而其他方履行协议条款。此种情况不被视为协议的修改和解除，该协议仍具有相同的法律效力。

条款九：终止

9 如遇任何一方过错导致根本违约，守约方享有本协议的单方解除权，违约方因此应当承担守约方发生损失的赔偿责任。

条款十：适用法律及纷争解决

10.1 本协议的签订、生效、履行、解释和争议解决都要遵循、适用中华人民共和国法律。

10.2 本协议中的争端，或由本协议引起的争端，首先由双方友好协商解决，如果协商不成，任何一方均有权向演出场地所在地有管辖权的人民法院起诉。

10.3 本协议未尽事宜，须经双方友好协商并签订补充协议，补充协议与本协议具有同等法律效力。

条款十一：其他

11.1 本协议经双方加盖公章后生效。

11.2 本协议及其附件构成完整的整体，并对协议各方均有约束力。本协议未经签署方的书面许可，不得被取代、更改或修订。协议文本中中英文所表述的意思若有冲突，以中文含义为准。

11.3 本协议将一式两份，以中文含义为准。甲乙双方各执一份，均具有同等法律效力。

这个合同事无巨细地罗列了签订的双方需要承担的责任以及要履行的义务，对后期万一可能出现的种种问题都做了详细的说明。

合同签订完之后，如果引进的是海外剧目，需要报备审批，报备审批是最后的一个外部的把关环节，同时也是其引进海外戏剧流程的最终环节。例如下页图是俄罗斯赛蒙扬奇剧团《瞧这一家人》的演出准予许可决定。

在这个演出准予许可决定下面还有几条备注：1. 请于演出举办日前持此决定书及相关材料到演出所在地县级文化部门备案；2. 属于大型群众性活动的演出，在取得公安部门大型活动安全许可后方可举办；3. 自批准演出活动举办日期起 6 个月内增加演出地的，可到增加演出地省级文化行政部门备案。

这份演出准予许可决定还需要抄送省外办、省公安厅、省税务局，南京市文广新局以及南京市文化综合执法总队。

这份许可决定后面还会附上一张《瞧这一家人》这个剧目的演员名单，包括国家（地区）、姓名、性别、出生日期、职务、证件类型、证件号码等个人信息。

上述这些基本就是引进剧目时要做的工作，用简单的形容词来形容，就是“烦琐”。

江苏省涉外、涉港澳台营业性演出准予许可决定

32000052201800793

<table>
<tr><td>许可/备案事项</td><td colspan="3">涉外/涉港澳台营业性演出</td><td colspan="2">举办</td></tr>
<tr><td>演出名称</td><td colspan="5">瞧这一家人</td></tr>
<tr><td>举办单位/个人</td><td colspan="3">吴氏国际文化传媒（北京）有限公司</td><td>证号</td><td>110000120090</td></tr>
<tr><td>主要演员（团体）</td><td colspan="5">赛蒙扬奇剧团（全体演员名单附后）</td></tr>
<tr><td>出入境日期</td><td colspan="5">2018-10-10 至 2018-11-05 共 27 天（涉外/涉港澳台营业性演出填写）</td></tr>
<tr><td colspan="2">是否属于外国人在中国短期工作任务</td><td colspan="4">是</td></tr>
<tr><td>本地演出日期</td><td colspan="3">2018-10-18 至 2018-10-21</td><td>演员人数</td><td>14</td></tr>
<tr><td>本地演出场所</td><td colspan="3">江苏省南京市建邺区梦都大街 181 号江苏大剧院运营管理有限公司</td><td>场次</td><td>1</td></tr>
<tr><td>项目联系人</td><td>董佳宁</td><td>联系电话</td><td colspan="3">15801389990</td></tr>
<tr><td>审批联系人</td><td>何晨辉、李磊</td><td>联系电话</td><td colspan="3">025-87798790、83666427</td></tr>
<tr><td>演出剧（节）目</td><td colspan="5">《瞧这一家人》。</td></tr>
</table>

江苏省文化厅

《瞧这一家人》的演出准予许可证

第二节　营销推广

当节目确定，合同已签，文化主管部门也批准了该演出项目，接下来的主要任务就是宣传推广和市场营销。下面结合江苏大剧院的实际案例来讨论一下制定宣传推广计划的几个主要方面：（1）撰写文字通稿；（2）制定详细的宣传时间进度表；（3）设计活动、制造新闻。

文字通稿是在准备开展宣传时首先要发给媒体的材料。在文字通稿中，需要包含演出的时间、地点、特色、卖点等各个方面的细节内容。所有的媒体首先都会得到一份宣传通稿，宣传计划中一定要有发通稿这项内容。

下面是 2018 年末大剧院引进的俄罗斯圣彼得堡赛蒙扬奇剧团小丑默剧《瞧这一家子》时的通稿，它是提供给所有媒体的，内容比较翔实：

俄罗斯圣彼得堡赛蒙扬奇剧团

小丑默剧《瞧这一家子》

时间：2018 年 10 月 18 日 – 21 日 19:30

地点：江苏大剧院•国际报告厅

票价：580 / 380 / 280 / 180 / 80

想象一下“亚当斯一家”和“摩登家庭”相遇后会发生怎样无厘头的故事吧！每一个温馨甜蜜的家庭都有属于自己独特的娱乐方式和生存法宝，剧中的这个家庭也不例外。

他们快乐、风趣、滑稽甚至疯狂。挺着大肚子又颇有情调的准妈妈和慈爱体贴但酗酒无度的父亲之间的“爱”与“挣扎”一直在矛盾地交织着，落魄的他们被逼到破产的边缘，又在离家出走的思绪中徘徊。四个温柔、任性又爱恶搞的小屁孩儿之间没轻没重的恶作剧更让人抓狂。

演员们无厘头的表演和所呈现的戏剧效果深深地感染了观众。故事的结尾在一家人的团聚和漫天飞舞的白色彩条中达到了高潮。

与本剧同名的赛蒙扬奇剧团来自圣彼得堡，由六位原创艺术家组成。艺术家们正是第一批毕业于著名Licedei学院戏剧与默剧系的学生。Licedei戏剧学院是俄罗斯第一个培养“小丑”的学校，历史可以追溯到1968年，由丑角大师斯拉法·帕拉尼建立。

赛蒙扬奇剧团《瞧这一家人》源于2003年戏剧与默剧系的毕业汇报演出。起初这个作品并不成熟，后来经过不断的改编发展成了符合圣彼得堡观众口味的一部作品，由Licedei学院的学生在卓别林俱乐部的小型剧场进行演出。2005年，这部作品在著名的法国阿维尼翁艺术节上一举成名，此后在国际国内大获好评。“这是一盘融入了‘英式滑稽戏’‘法式默剧’以及‘浓郁的俄罗斯式幽默’的什锦菜，充满了丰富情感，带着欢乐旋风，席卷全球。”“这不是电视作品编剧的凭空想象，而是著名丑角大师斯拉法·帕拉尼的创意。斯拉法的这出剧融入了俄式幽默和默剧的经典元素，并通过专业小丑和Licedei默剧学校最优秀的艺术家们共同呈现。”

主演：妈妈：奥尔加·叶利谢耶娃、爸爸：亚历山大·古萨罗夫、大儿子：卡苏扬·雷金、大女儿：马瑞娜·玛卡赫娃、二女儿：尤利娅·列盖娃、宝贝小女儿：伊莲娜·萨科娃

角色介绍：

爸爸

酗酒的他以为酒精就能麻痹自己，来忍受调皮捣蛋的孩子们。他曾威胁家人，扬言要以一种戏剧性的方式离家出走，但是他深爱自己的家人，最后在欢庆声中回到了温暖的家。

妈妈

她马上就要生下第5个孩子，同时也在不断调教另外4个孩子。

她的经历是传奇的，通常她喜欢用她大大的肚子搞笑。

最能让她开心的事是她的丈夫最后回到了她的身边。

大儿子

他总是热衷于恶作剧戏弄别人，他也在试图了解他能走多远，他的身份证明物是一把锯尺，他把他别在前面的裤兜里，那样能让他的衬衣下摆露出裤子的拉锁。这样会很酷。

大女儿

她喜欢哄骗戏弄自己的妹妹、哥哥及爸爸。如果问她的妈妈，得到的回答永远是“乖孩子！”她的特殊标记就是脖子上挂着的一只大挂钟。

二女儿

跟她哥哥，姐姐一样，她尤其喜爱恶作剧。她的特别装饰是一朵花，这能让她发出好玩的声音。

小女儿

淘气，可爱。但是对于所有的玩具来说，她是极具危险性的。这就是宝宝。她有大量的搞笑玩偶，都有不同的用途。她时刻准备着帮助她的哥哥姐姐们捉弄自己的爸爸妈妈。

评论：《瞧这一家人》这部剧融合了超现实元素、俄罗斯人独特的冷漠感和广受世界欢迎的幽默感……绝对是一个治愈系的剧目，是治疗抑郁的解药，也是抗拒悲伤的良方。

——《巴黎之都》

这些小丑虽然不说话，但是我们能够马上地明白他们的意思。这是一盘融入了“英式滑稽戏”“法式哑剧”以及“浓郁的俄罗斯式幽默”的什锦菜，充满了欢笑、愤怒和丰富的情感。

——《费加罗报》

无需任何言语，大人和小孩儿就能一起在欢声笑语中欣赏这部剧。该剧与早期的滑稽电影有很多共同之处——充满活力、魔力和诗意。

——《费加罗报》

白色的妆容和蒂姆·伯顿式的鸡冠头，家庭中的每个成员都像是一个活灵活现的漫画人物。在表演中他们也时而走下舞台、和观众进行互动。

——《Time out London》

一段不容错过的戏剧体验。

——《伦敦旗帜》

有了宣传的内容，如何计划，如何有步骤、有节奏地将这些内容通过硬广告、软新闻适时地发布出去？这就需要列出详细的时间进度表以便操作。下面是2018年国庆期间歌剧《图兰朵》的宣传计划（时间进度表）：

选题角度		采写撰稿时间	交稿时间	剧院方提供帮助	希望团方提供协作
演前导赏和艺术总监专访 根据资料整理+专访撰稿	图兰朵中的中国情结 图兰朵创作的时代背景 图兰朵的经典版本回顾、此版本（完整版）的独特 预告艺教部导赏活动	10.1 资料整合	10.1下午 发稿		

续表

选题角度		采写撰稿时间	交稿时间	剧院方提供帮助	希望团方提供协作
后台探秘	服装整理及设计细节 道具选择和独特物件 舞美灯光及舞台布置	10.1晚上至10.2下午 歌剧厅（装台花絮） 服装间（整理服装）	10.2 下午发稿	现场拍摄图片 舞台技术部答疑（影视制作部提供花絮短视频）	服装舞台设计手稿 设计理念以及整体风格
交响乐团的作用	每一幕经典唱段和亮点 交响乐团、合唱团的介绍与常规布置 歌剧音乐	10.3 10:00 / 13:00 15:00 / 18:30 交响乐团排练：排练厅2（403） 10.3　19:00 艺教讲座：乐池下的神秘人物：多功能厅	10.3 晚上发稿	现场拍摄图片（需将小视频截取成GIF）	允许近距离拍摄乐团彩排 允许对合唱团指挥进行沟通
群众演员的诞生	对群演、童声合唱团进行彩排跟踪 记录他们的变化和心情	10.1　20:00 群演试装： 服装间 10.2　18:00 独唱合唱、群演、童声舞台排练： 歌剧厅或排练厅1（402） 10.3　19:00 群演及童声舞台排练： 歌剧厅 10.4　19:00 带妆联排： 歌剧厅	10.4 晚上发稿	现场拍摄图片 艺术教育部答疑	允许拍摄彩排照片 童声合唱团带队老师答疑

续表

选题角度		采写撰稿时间	交稿时间	剧院方提供帮助	希望团方提供协作
主创专访	Turandot: Giovanna Casolla 图兰朵 乔凡娜·卡索拉 Prince Calaf: Walter Fraccaro 卡拉夫王子 沃尔特·弗拉卡罗 Liu: Natalia Roman 柳儿 娜塔莉亚·罗曼 Timur：Elia Todisco 铁木尔 伊利亚·托迪斯科	10.4 19:00 彩排之前至各个化妆间问3~4个问题	10.5 下午发稿	拍摄	翻译与时间协调
完整版《图兰朵》江苏首演 演出夜回顾	演出夜现场照片 观后感 观众反馈	10.5 演出	10.6 发稿	现场拍摄图片	

撰稿人会根据时间进度进行采访以及撰稿，微信文章的撰稿人既可以是江苏大剧院营销推广部的工作人员，也可以是里面的实习生，还可以是这几个工作人员招募一些高校学生来写，这些学生仅仅只是赚一些稿费。

除了发布通稿、策划宣传时间表、推出硬广告等常规宣传手段外，在制定宣传计划时谋划设计各种与宣传推广有关的活动，也是十分重要的。

大剧院的推广的工作人员会集思广益，设想、策划各种活动，以吸引媒体和观众的注意。比如，在2018年宣传紫金文化艺术节时，营销推广部就策划了很多活动：

紫金文化艺术节线下活动

创意策划方案

一、名人分享会

中国戏曲在现当代多元文化的发展下被传承与革新，可邀请较为有知名度的戏曲演员、戏曲行业的弘扬者、戏曲艺术的传播者等前来进行演讲或分享。

推荐嘉宾：

1. 王佩瑜　上海京剧院著名京剧余派（余叔岩）女演员，师从王思及，扮老生。2011年获得第二十五届中国戏剧梅花奖。

大多数人特别是青年人可能不是那么了解京剧，但“王佩瑜”这个名字想必在许多人心中并不陌生。她办过讲座，去过《朗读者》，办过“瑜音社”，求学的学生上到老者下到幼童。今年的《奇葩大会》上为京剧发声，被称为“瑜老板”，拥有大量粉丝。担任《出彩中国人》评委，创立的《瑜乐京剧课》《京剧其实很好玩》等成为品牌传播项目，为培养京剧观众、拓展京剧市场做出了积极努力，是新时代京剧艺术优秀的传承者和弘扬者。

2. 吴兴国　台湾当代传奇剧场创始人、著名戏剧人吴兴国。他从小在传统戏曲的环境中长大，用戏曲形式来演绎国内外经典剧目，三十年来，他用西皮二黄唱莎士比亚的《麦克白》，甚至还用京剧唱荒诞派贝克特的《等待戈多》。2013年12月，吴兴国参加了台北的TED节目，进行了大约20分钟的演讲，谈到了他的创作，从传统戏曲谈到如何创新。“多次取经西方经典，再以中国传统戏曲的元素加以改编、融合东西方剧场艺术、开辟传统戏曲新道路，已成为当代传奇剧场独有的精神与特色。”

二、戏剧类工作坊

1. 国学精粹传承系列课（在大剧院开展）

邀请专业老师从戏曲韵律、发声、眼神、指法、台步、身段、折扇、水袖等方面进行系列课堂，从初步学习戏曲文化，感受东方美学的神韵和中国传统戏曲艺术的博大精深。

2. 戏曲学习者公益性指导（可在老年大学、专业高校开展）

邀请戏曲演员前往戏曲学习者处进行指导和演讲，通过对专业院校和群体的公开课、大师课堂、公益教学等活动，使戏曲学习者和喜爱者获得指导，达到垂直于目标受众的宣传推广效果。

3. 票友聚会、沙龙（可在票友聚集的公园或场馆）

可联合梨园漫步、戏曲频道等票友平台，组织票友聚会交流沙龙，邀请在戏曲界较有影响力的名家名角出席沙龙，与大家分享艺术心得和演唱技巧，并进行现场教学等互动。

三、公益性快闪 / 路演

社区 / 养老院 / 老年大学 / 广场舞快闪

可选择老年人较为集中、文艺爱好者较多的场地进行公益性路演或儿童戏曲快闪，博得关注度，并进行一些现场礼物互动环节。

四、联合开展竞赛

1. 国粹改编大赛

与音乐广播等专业机构联合举办歌曲创作 / 演唱比赛，围绕“戏曲”

为主题进行歌曲选择，如古风类民谣、穿插戏曲唱腔的流行乐、不同音乐类型改编的戏曲，均可参与，以传承为目的，创新为手段。

2. 戏曲故事动画、插画大赛

联合艺术类高校以绘画、动画、手工等形式展现戏曲人物或经典戏曲故事，并举办系列作品展，以浅显易懂的方式传播戏曲的趣味性。

3. 业余戏曲表演赛

在票友中征集敢于表现自我的选手开展赛事，打造类似于“星光大道”等选秀，给草根票友提供与名角名家同台的广阔展现舞台。

五、户外沉浸式看戏

1. 还原并复古戏曲观赏环境

挑选类似南京博物馆的茶馆、南京艺术学院的木质戏台等场地，进行一场复古看戏，还原古代看戏习惯与风貌。

2. 真梨园漫步式音乐节

挑选合适的“梨园”，搭建戏台或演出场地，让戏曲演员来一场户外音乐节似的戏曲体验，也可采用嘉年华式表演，布置空间和流程，使观众移步换景，每个景中间布置相应表演曲目。或采用“浸没式戏剧”的方式，将一个故事背景布置在一个区域中，使观众扮演成戏中人物边走边看边参与演出。

六、线上话题参与

1. 创建话题或手势

联合“抖音”“微博”“快手”等短视频平台，创建话题，如#寻找城市戏曲元素# #寻找身边票友# 促使观众分享身边有关戏曲的趣闻趣事，或制定专属#紫金艺术节#的动作手势，如“中国赞赞”“比心”等，在短视频平台传播，以此提高艺术节知名度。

2.线上线下直播/专访

邀请紫金文化艺术节的名家名角进行专访或对谈，联合电台、网络平台等渠道进行线上直播或互动，让更多票友通过互联网参与到交流沟通中，了解其艺术之路和特色戏曲文化。

七、文创产品展览

联合知名文创产品品牌，制作戏曲元素手工制品，打造故宫文物类型的紫金艺术节文创产品，如戏曲人物、折扇、铜镜、手绢等。

八、戏曲人物“cosplay”

联合国学爱好者社团、老年舞蹈团、古风时装品牌，进行戏剧人物cosplay，并举办古装讲堂和展览，以通过近年来大热的“服饰风潮”“古风时尚”，培养青年人对于戏曲的关注和喜爱。

紫金文化艺术节
观•音 | 解•戏
板块策划方案

一、板块释义

1.观为看，音为听。观世间喜乐繁华，听戏曲千百年风韵，是为观音。

2.中国戏曲是一种历史悠久的综合舞台艺术样式，它由文学、音乐、舞蹈、美术、武术、杂技以及表演艺术综合而成。邀请戏曲名家以其代表作品或行当为圆心，演、讲结合，为观众生动普及如何欣赏戏曲，解析戏曲创作背后的点滴，解析即为解戏。

3. 观·音｜解·戏，台上台下，戏里戏外，有听有看，观戏之全部，解戏之精髓。普及、深度、趣味、独家……尽在其中。

二、板块内容

邀请戏剧界著名表演艺术家，以其代表剧目为内容进行“解· 戏”。按照作品脉络，艺术家演、讲结合，就每段表演进行剖析，分享戏曲身段、程式、唱腔在舞台上的运用。邀请观众参与互动，上台跟随艺术家学习基础身段。设置提问环节，让艺术家与观众零距离接触，解答观众疑惑。

三、拟邀嘉宾

嘉宾：石小梅

简介：国宝级昆曲表演艺术家，国家一级演员，曾获第五届中国戏剧梅花奖和第五届文华奖。曾到日本、韩国等国，并多次受邀讲学。

时间：9月29日（周六）13:00-14:30

主题：《桃花扇》的寂灭与苍凉

地点：江苏大剧院· 会员中心

内容：《桃花扇》是石小梅老师最经典的代表作品之一，从《桃花扇·题画》到“一戏两看”《桃花扇》，“侯方域”也成为石小梅老师代名词。石小梅老师将从《桃花扇》的源起，解析昆剧《桃花扇》的舞台创作，通过主角侯方域的人生境遇，展现出明末金陵的寂灭与苍凉。

嘉宾：孔爱萍

简介：著名昆曲表演艺术家，国家一级演员，江苏省演艺集团昆剧艺术指导，江苏省非物质文化遗产代表性传承人。曾获第二届中国戏剧奖·梅花表演奖，联合国教科文组织和文化部颁发的“促进昆曲艺术奖”。

时间：10月5日（周五）13:00-14:30

主题：杜丽娘的一场大梦

地点：江苏大剧院·会员中心

内容：《牡丹亭》是昆曲最为人熟知的作品，也是昆曲最经典的代表作。精华版《牡丹亭》自2004年首演至今已超过14年，孔爱萍老师饰演的杜丽娘纯粹、勇敢；表演细腻、富有层次，因此被观众誉为“最好的杜丽娘”。孔爱萍老师将从如何塑造“杜丽娘”这一经典闺门旦形象开始，为大家解析精华版《牡丹亭》，讲解表演中的“舍”与“得”，带领观众走入这一段“情不知所起，一往而深”的爱情传奇。

嘉宾：周东亮

简介：著名锡剧表演艺术家，国家一级演员，当代锡剧领军人物之一。曾获第七届中国戏剧节曹禺戏剧文学奖优秀演员奖，文化部第十届文华表演奖，第十九届中国戏剧梅花奖，国家级非物质文化遗产代表性项目名录代表性传承人。

时间：10月13日（周六）13:00-14:30

主题：从翩翩君子到大汉枭雄

地点：江苏大剧院·会员中心

内容：“锡剧王子”周东亮在舞台上塑造了众多风度翩翩的英俊公子，在锡剧《大风歌》中却一改往日形象，挑战了大汉开国皇帝刘邦。性格迥异的角色如何塑造？经典锡剧与大制作的舞台表演有何不同？通过传统折子戏与《大风歌》的比较，听周东亮老师解答锡剧舞台的表演感悟。

嘉宾：李胜素

简介：中国国家京剧院主要演员，国家一级演员，工青衣、花衫。现任国家京剧院一团团长，京剧界领军当红名角，该团领衔主演。中国戏剧家协会会员，享受国务院政府特殊津贴。

时间：11月10日（周六）13:00-14:30

主题：缱绻戏梦，梅派芬芳

地点：江苏大剧院·会员中心

内容："梅派"艺术由京剧大师梅兰芳创立，综合了青衣、花旦和刀马旦的表演方式，在唱、念、做、舞、音乐、服装、扮相等各个方面，进行不断的创新和发展，将京剧旦行的唱腔、表演艺术提高到了一个全新的水平，达到了完美的境界。李胜素老师将以"梅派"经典《贵妃醉酒》《霸王别姬》等作品，为观众解析京剧梅派艺术的魅力"密码"。

嘉宾：蔡正仁

简介：国宝级昆曲表演艺术家，国家一级演员，曾任上海昆剧团团长，有"小俞振飞"之美誉。获第四届中国戏剧梅花奖及第五届上海戏剧白玉兰表演艺术主角奖。

时间：11月17日（周六）13:00-14:30

主题：山河犹在，大明王朝1644

地点：江苏大剧院·会员中心

内容：《铁冠图》讲述明清易代之际，李自成起兵攻破北京、明崇祯帝自缢覆国的故事，是昆剧舞台的经典作品。"官生泰斗"蔡正仁老师将从崇祯皇帝的舞台塑造，为观众解析传统昆曲"官生"这一行当的艺术精髓，带领观众走进这一段大明覆没的苍凉往事。

互动策划

互动方案一：紫金艺术节 APP/H5 线上互动

1. 打造“紫金文化艺术节”专属 APP/H5 程序。

2. 观众可在线上完成演出购票、讲座预约、活动报名等，系统按照时间轴，智能顺序排列观众艺术节参与安排。关联手机日历提醒功能，智能提醒观众不要错

过演出与活动。

3. 艺术节结束之后,观众可根据参与度,生成“我的艺术节”总结页面，智能统计出共观看多少场演出，参与多少场活动，pick 多少位艺术家，解锁多少种剧种……并根据大数据分析，生成排行榜单，获得不同等级的观众称号，一键分享各大主流社交平台，形成大规模传播。

互动方案二：紫金艺术节“护照”打卡

1. 定制“紫金文化艺术节”专属护照，观众可在所有线下购票渠道、演出现场、活动现场等地凭票免费领取。

2. 护照按照时间排序,包含演出、活动信息等。提供票根粘贴页、签名页、盖章页，观众可在演出及活动现场，找到“紫金文化艺术节”印章，盖在护照上。根据盖章数量不同，领取“紫金文化艺术节”不同福利。如观众购买 5 场以上演出，即可获得优先报名活动 / 讲座 / 探班等报名资格；购买 10 场以上演出，即可获得本次艺术节全套周边等。参与越多，福利越多。

3. 演出结束后，观众还可在护照上粘贴票根、收集艺术家签名等，将护照留存，作为艺术节难忘的纪念。

互动方案三：紫金艺术节戏曲工作坊

1. 邀请“观·音｜解·戏”的艺术家同时开设戏曲工作坊，招募观众体验、学习戏曲表演。

2. 每位艺术家工作坊时长为三天，拟邀五位艺术家，涵盖五个不同剧种。

3. 参与观众可在“紫金艺术节”闭幕式进行登台演出，让观众成为主角。并为学习的观众颁发结业证书。

2018 年的紫金文化艺术节开展了很多活动，活动的目的是制造新闻，让媒体来报道，这样可以让更多的人知道这个节目，把节目推广到更多的人中去，既为了提高票房，也是为了树立自己良好的口碑。

还需要说明的是，宣传计划的制定，时间进度表的安排，创意活动的设计，最后都需要落实到策划书的撰写上。前面已经附上了一些案例，下面再附上一个紫金文化艺术节的实例以供参考：

2018紫金文化艺术节
江苏大剧院 活动方案

一、艺术普及活动实施计划表

1. 宗旨

江苏大剧院作为重大的文化设施，在构建覆盖全社会公共文化服务体系中具有标志性功能。在紫金文化艺术节期间，将紧紧围绕艺术节的剧目、大学生戏剧展演开展艺术普及教育活动，利用大剧院平台和资源优势，坚持艺术反哺大众，引导和营造一个艺术家、大剧院和观众良性互动的空间，让更多的社会公众走近艺术、了解艺术、爱上艺术。

2. 时间安排表

类型	日期	时间	活动内容	主讲人	场地
导赏	9月30日（周日）	19:20-19:30	演前导赏：琵琶名家吴蛮与华阴老腔皮影戏	主创代表	剧场内
	10月4日（周四）	19:20-19:30	演前导赏：致敬经典音乐会	程晔	剧场内
	10月5日（周五）	18:30-19:10	演前导赏：歌剧《图兰朵》	钱立庆	爱艺活动体验区
	10月9日（周二）	19:20-19:30	演前导赏：舞剧《节气江南》	顾芳	剧场内
	10月11日（周四）	19:20-19:30	演前导赏：歌剧《二泉》	任卫新	剧场内
	10月14日（周日）	19:20-19:30	演前导赏：锡剧《大风歌》	主创代表	剧场内
	10月15日（周一）	18:30-19:10	演前导赏：芭蕾舞剧《唐寅》	李莹	爱艺活动体验区
	10月18日（周四）	18:30-19:10	演前导赏：音乐会《风雅颂之交响》	陈正哲	爱艺活动体验区
	10月19日（周五）	18:30-19:10	演前导赏：芭蕾舞剧《吉赛尔》	许薇	爱艺活动体验区
	10月26日（周五）	18:30-19:10	演前导赏：歌剧《鉴真东渡》	主创人员	爱艺活动体验区

续表

类型	日期	时间	活动内容	主讲人	场地
工作坊	9月29日 9月30日 （周末）	15:00-17:00	爱艺工作坊： 皮影手工制作	待定	爱艺活动体验区
	10月25日 （周四）	15:00-17:00	戏剧工作坊： 舞台上的导与演	柏昱	爱艺活动体验区
主题讲座	9月29日 （周六）	16:00-17:00	琵琶名家 ——吴蛮	待定	多功能厅
	10月3日 （周三）	15:00-16:30	歌剧指挥是怎样炼成的	程晔	多功能厅
	10月6日 （周六）	10:30-11:30	讲座：《校园戏剧的前世今生》	柏昱	多功能厅
		13:30-14:30	讲座：2018大学生戏剧展演参演作品分析	汪人元	多功能厅
		15:00-16:30	讲座：编剧技巧浅谈	康尔	多功能厅
	10月7日 （周日）	10:00-11:30	二十四节气 与民间舞蹈	顾芳	多功能厅
	10月27日 （周六）	10:00-11:30	钢琴宗师 ——殷承宗	殷承宗	多功能厅
彩排观摩	10月5日 （周五）	14:00-15:00 15:00-16:00	“来水滴里听歌剧”系列活动——歌剧《图兰朵》彩排观摩		歌剧厅

二、营销推广活动

1. 国粹传承系列课——戏道

“戏道”课程通过体验和学习戏曲里不同的功法，带大家进入一个古典美学的世界，通过戏曲的“唱念做打舞、手眼身法步”为脉络，进行各个层面戏曲基本功的练习，以感受东方戏曲神韵，培养学习者的气质表现力为目标，寻找个人的表达美学，同时传达中国传统艺术审美与生活情操。

每节课基本独立，零基础的学员可以上任何一节课，时间跨越紫金艺术节期间的四周（9 月 28 日 -10 月 20 日），每周一节课，地点在江苏大剧院多功能厅，四节课主题分别从唱（唱腔、发声）、念（念白）、做（台步、身段、指法、眼神、水袖、折扇）、打（舞台造型、武功）、舞等角度出发，时长一个半小时。

每节课需要邀请一位来自艺术节期间演出剧团的戏曲老师，结束后进行专访，其间配合媒体的视频、图文直播等传播手段达到艺术普及与营销推广的效果。

探班幕后

组织观众进行 2-3 部地方特色戏曲的探班活动，并结合影视制作部拍摄素材进行微信、微博跟踪报道。

三、视频创意制作计划

围绕紫金文化艺术节的剧目演出，江苏大剧院将结合剧目的演出，制作不同类型的视频短片作为艺术节整体宣传体系中的有力抓手。

1. 短视频类

充分利用微信朋友圈（群聊）、抖音（今日头条）、微视（腾讯）、秒拍（新浪微博）等 APP 短视频受众广泛、易于传播、推送及时的特点，制作以宣传艺术节演出、展示江苏大剧院专业艺术殿堂形象为主要内容的短视频。

短视频以“2018紫金文化艺术节”为主标题，分“台前”和“幕后”两个子标题:“台前”展示演出片段、剧院环境、艺教活动、现场互动等，以现场Live同期为素材，通过剪辑和特效包装，还原艺术节的精彩现场;“幕后”展示为艺术节紧张忙碌、积极向上的工作人员和幕后工作场景、剧目演出舞美/道具尤其是具有地域特点的江苏地方戏、探班艺术家准备现场等，用深入舞台的视线和角度向受众展示舞台艺术少为人知的幕后故事，使得宣传更接近地气，突出展示艺术节的人民性。

以上短视频时长均≤30s，视频通过抖音、微视、秒拍等APP发布推广，并通过微信朋友圈/群聊实现二次人际传播。此外，剧院还配合视频的发布，创建相关话题，以此提高艺术节传播效果。

2. 艺教访谈类

除了制作短视频进行宣传外，剧院还对紫金文化艺术节期间举办的专题艺术教育活动进行视频录制，精选片段及艺术家专访制作访谈视频，将艺术节的艺术涵养、教育活动从线下延展到线上。通过艺术节官网、互联网及移动APP、微信公众号、剧院现场互动播放等形式进行传播，观众不仅能欣赏精彩的舞台表演，还能通过艺术节丰富艺术知识，提高艺术审美，突出百姓的参与感，让人民群众成为艺术节的主角。

江苏大剧院有一个官方微信公众号“江苏大剧院JSCPA”，它也是由营销推广部的工作人员在打理，因为这是一个比报纸、电视新闻等媒体更加迅速和直接的传播渠道，在上面有各种演出预告、活动报名等。营销推广部的工作人员很关注微信公众号上文章的阅读量，从阅读量中可以分析观众更关注什么。

下图是 2017 年年终工作人员对这一年阅读量 2000 以上的文章的截图：

阅读量 2000+

	A	B	G
1	标题	图文位置	阅读量
2	江苏大剧院开幕季演出剧目新鲜出炉	2	12147
3	大牌驾到 ｜ 安娜·奈瑞贝科抵达南京 明晚注定将是不眠	1	7140
4	明日开票 ｜ 这或许是你今年最值得期待的一场音乐会	1	5116
5	重磅 ｜ 中国京剧艺术节开闭幕式将在江苏大剧院举行 自	1	3885
6	原创歌剧《拉贝日记》首演倒计时1天 ｜ 这是“12.13”	1	3751
7	大家好，给大家介绍一下，这是我的亲人们……	1	3639
8	演出夜 ｜ 观众的热情让我们见证了安娜2017世界巡演的	1	3622
9	开幕日&首演夜 ｜ 心潮澎湃、热泪盈眶，这个夜晚属于祖	1	3201
10	滴水知剧院 ｜ 精彩纷呈！16位书法家书写《江苏大剧院	1	3191
11	终于等到你！江苏大剧院迎来首场调试演出	1	3183
12	报名 ｜ 江苏大剧院开幕艺术体验活动	1	2896
13	预告 ｜ 江苏大剧院开幕日期定档！明日发布会现场看点	1	2886
14	重磅发布 ｜ 你们等的曲目单和独奏家来了！	1	2788
15	演出夜 江苏大剧院首场市民音乐会，“小提琴之家”奏	1	2763
16	江苏发展大会开幕在即 江苏大剧院众多艺术精品静候八	2	2740
17	首演夜 ｜ “哈利·波特”音乐会南京首演，high爆魔法	1	2693
18	十一去哪儿嗨 ｜ 20元就能听到一流交响乐，小编买了一	1	2584
19	祖宾·梅塔开票提醒 ｜ 没有大动作，不敢打扰你	1	2558
20	第八届中国京剧艺术节开幕 江苏大剧院原创自制京剧《	1	2482
21	三厅同开，场场精彩 ｜ 这是一个闪耀着艺术光辉的夜晚	1	2331
22	江苏发展大会上 众大咖齐为江苏大剧院送祝福！	1	2328
23	火热开票 ｜《哈利·波特与魔法石》电影交响视听音乐会	1	2229
24	大师天团+音乐殿堂，江苏大剧院音乐厅8月盛大开幕	1	2196
25	歌剧《卡门》｜ 在炽烈的爱情面前，我愿献身作火焰	1	2148
26	伯乐求贤，快来加入江苏大剧院你的梦想舞台！	2	2085
27	原创歌剧《拉贝日记》演员阵容揭秘	2	2079
28	大咖剧评 ｜ 为爱而生死，为自由而歌唱	1	2058
29	演出夜 ｜ 国宝级小鲜肉软萌开唱，五百年天籁响彻大剧	1	2052
30	歌剧《木兰》｜ 演绎东方神韵 再现巾帼史诗	1	1976

对原创、票价贵、爆款项目的好奇

开幕季期待

演出夜/首演夜、剧评

节假日看演出攻略

从中可以看出高阅读量 / 点击量的文章集中在四类：期待度高的剧目、开幕季、演出夜 / 首演夜、剧评和节假日看演出攻略。

由此可以总结出这样几点今后的宣传方向：(1) 大项目要采用“放长线钓大鱼”法来宣传，拉长宣传时间，扩大亮点影响力，最后舆论最高点时开票，其中“祖宾·梅塔”就是采用循序渐进的模式宣传；(2) 以“XX 季”“XX 节”的概念将剧目打包，会引起观众的关注和期待；(3) 演出夜 / 首演夜、剧评这一块是原创内容板块，不受过多束缚，应该更为自由，也是以后应该重点发展的栏目。建议深度的、抽象的、有话题性的戏剧类作品（如孟京辉系列、默剧、现代舞剧）在宣传中重解析，对于大俗的、经典的、知名度与口碑极高、不需要和观众费口舌解释的作品（如北京人艺、《猫》），重硬广露出，大众媒体、单页的传播。“演出夜 / 首演夜”这部分内容可以演出结束后就发，准备时间短却对内容要求高，因为不存在太多团方束缚，发挥空间大，且经过许多观众的共同赏析，话题性高。演出夜 / 首演夜、剧评这一板块值得深挖；（4）接下来的宣传可在法定节假日提前策划看戏攻略。

在江苏大剧院营销推广部一个学期，我也观察到一些江苏大剧院的销售策略：

（1）“惠民”标签。

有一次看到营销推广部的工作人员为一些不知道怎么营销和推广的低成本引入的音乐会感到为难。最后，营销推广部和演出部商量，建议把一系列低成本音乐会全部划入“古典乐进生活”或是“金陵惠民古典音乐季”系列活动，联合众多公益性文化艺术机构如图书馆、美术馆等共同推广。打造江苏大剧院“人民性”形象，在市民印象中树立“惠民”标签。这些音乐会有：

1. 亚历山大室内乐

该项目已经过会，项目费用为 25000 元，现在对方已同意降至 20000 元，但不接受分票房的合作形式，现需与团方确定演出时间，以便尽快落实签约。是江苏首支在文化局注册成立的，集演出和创作一体的职业室内乐团，目前乐团特聘四位俄罗斯音乐家作为乐团首席，常驻南京，成立至今已举办几十场专场音乐会，与几十位一流演奏家进行演出合作，演出地点从音乐厅到社区剧场、大中小学等，致力于普及世界音乐的最精品演出形式——

室内乐。

此次演出虽说价格低廉但是品质以及名头上实在难以作为大剧院项目说服观众，建议以超低价或惠民活动的形式做销售，或走进社区、学校。档期方面建议是：①五一、十一等时间，平日周末学生课务繁忙，很多艺文类活动虽价格不高，但是吸引力不够家长不会浪费孩子的时间成本去参加，节假日可全家感受古典乐。②特定的时间选定主题演奏，如六一，可选择动漫、电影主题曲目演奏。③爵士音乐节作为嘉宾。

2. 挪威室内乐

该项目由英国经纪公司 IMG 推荐，演出费为 4 万欧元，同时需承担落地接待。网络搜索无消息，只查到挪威国家室内乐团访华交流演出过，知名度太低，根据韦尔比耶可推断，室内观众群体不够可观，需要向观众努力解释的音乐会类项目都不宜成本高于 10 万。

3. 东西盛典· 璀璨之星二重奏

该项目为分票房合作形式，由一个新经纪公司西金文化时代推荐，大剧院方仅需承担接待成本，对方负担演出费、国际交通等相关费用，合计成本 2.39 万元。建议以惠民演出方式（票价低于 50 元），作为很多音乐会初期尝试者的入门演出。

4. 加拿大新世代室内乐团

该项目为分票房合作形式，同样由新经纪公司西金文化时代推荐，大剧院方仅需承担接待成本，对方负担演出费、国际交通等相关费用，成本 4.27 万元。2011 年由世界著名大提琴家尤里· 托洛茨基和妻子小提琴家艾蕾欧诺拉· 托洛茨基创建，纵使实力再强也敌不过无亮点。

5. 中国音乐学院乐队学院巴洛克乐团

该项目曾于上周上过办公会，因费用问题领导要求进行再次谈判，现成本已降低 6 万元，目前总成本约为 16.42 万元。

营销推广部也经常会推出一些公益观看的活动，因为事先已经预见到了这部分戏的票房不会好。比如庆祝新中国成立 70 周年、江苏省基层院团优秀剧目展演中演出的剧目，当然这一部分剧目也受到当地政府很大的扶持，所以也不在乎票房。营销推广部的工作人员会在校园交流群中发布免费取票的信息，让群成员可以免费观看。

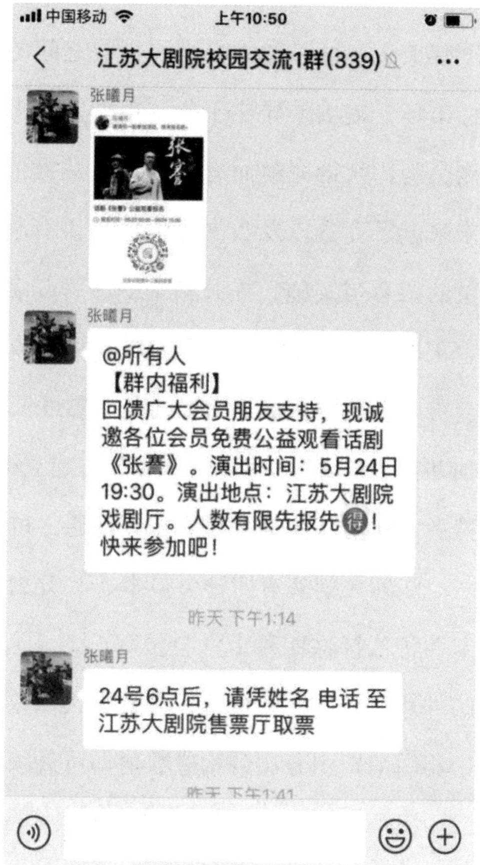

还需要说明的是，大学生群体是江苏大剧院的重要客户群，营销推广部的工作人员会进入很多高校建立“江苏大剧院校园交流群。”在上面平时会有学生之间戏票的转让，也有江苏大剧院工作人员在上面发布即将上演的剧目的信息，发布早鸟票、打折票的信息，一些艺术普及或者公益观看的信息，也会在上面分享每次演出的剧照。对于营销推广部来说，校园交流群是个非常好的宣传推广的地方。

因为免费观看“人数有限”，即便是免费票被领完之后，想看的观众还是可以买到50元一张的低价票。这种惠民的策略一方面是因为如果按正常价格销售，票房不会好，另外一方面是江苏大剧院为了树立自己“人民性”的形象。还有一点是比如这个庆祝新中国成立70周年、江苏省基层院团优秀剧目展演,它本身就不是为了售票,它是地方政府的文化展演，关于这一点下面一章会详细谈。

（2）会员制

在剧院营销方面,建立一个完善的会员制系统很有必要。对于会员来说，可以通过会员制及时获得剧院相关信息，享受多次购买剧院演出票的积分优惠，可以与剧院之间建立长期联系，并提升对剧院的品牌忠诚度。对于剧院来说，可以建立与剧院会员之间的长期良好沟通平台，定位并细分目标市场，提供差异化服务，培养并壮大已知与潜在观众群。通过剧院会员制品牌，获得完整而有效的会员数据信息。可以扩展剧院资源的优势，为未来电子商务以及数据库营销提供有利的数据基础。剧院还可以通过对会员的招募与实施，提升剧院的品牌知名度。从整个行业来说，各品牌的竞争正逐步从产品、营销等拓展到服务领域。目前很多剧院都建立了会员制。会员制的短期目标是增加会员“黏度”，提升会员满意度，长期目标则是增加并扩大忠实客户群。剧院会努力建立标准化、系统化的会员关系管理体系，然后不断丰富会员活动等相关礼遇，进而进行会员全生命周期管理。

江苏大剧院有四种会员卡，共分为普卡、银卡、金卡（爱乐卡）、白金卡四种。持这四种卡的会员购票时均可获得购票积分、短信或者微信或者邮件通知演出活动资讯、生日当天购票折扣。持普卡、银卡、金卡的会员，一年内消费积分达到相应数值即可升级，白金卡是顶级。

积分怎么算？ 1. 官方网站购票实际支付1元1积分，不满1元不计分；

2. 特殊演出及公益票除外；3. 会员一年内消费积分达到相应等级即可致电大剧院预约升级，大剧院将在三个工作日内完成会员升级服务。

生日优惠怎么算？普卡会员 98 折，银卡会员 95 折，金卡（爱乐卡）会员 88 折、白金卡会员 7 折。1. 仅限会员生日当天购票专享；2. 仅限主办演出，每卡限购 4 张；3. 特殊演出及公益票除外；4. 与其他优惠或积分抵扣不共享（包括会员卡的固定折扣），此次消费累计积分。

关于普卡：注册并购票即可成为普卡会员，享生日当天购票 98 折，积分满 3000 分升级为银卡。

关于银卡：一次性充值 2000 元即可成为银卡会员，享购票优惠 98 折（1. 限主办演出，含折上折，文化补贴剧目限购 4 张；2. 特殊演出及公益票除外），享生日当天购票 95 折，生日当月凭身份证和会员卡领取生日礼物一份，积分满 10000 分升级为金卡。

关于金卡（爱乐卡）：一次性充值 5000 元即可成为金卡会员，享购票优惠 95 折（1. 限主办演出，含折上折，文化补贴剧目限购 4 张；2. 特殊演出及公益票除外），享生日当天购票 88 折，生日当月凭身份证和会员卡领取生日礼物一份，积分满 30000 分升级为白金卡（爱乐卡升级时不会回收实体卡），持有爱乐卡的会员现在充值 1 万可返 3 千元，数量有限，办完即止。

关于白金卡：一次性充值 20000 元即可成为白金卡会员，享购票优惠 88 折（1. 限主办演出，含折上折，文化补贴剧目限购 4 张；2. 特殊演出及公益票除外），享生日当天购票 7 折，生日当月凭身份证和会员卡领取生日礼物一份，现在办理白金卡会员，充值 3 万可返 1 万元，数量有限，办完即止。

（3）对儿童剧的关注

江苏大剧院特别喜欢引进儿童剧，因为儿童剧票房好。其实早在江苏大剧院未建成之前，2016 年 5 月 8 日在金陵滨江酒店举行的江苏大剧院剧院文化座谈会上，与会者就强调了“儿童剧”的重要性。

当时参会的表演艺术家梅婷说：“在北京，我发现其实卖票卖得很好的是很多儿童剧，比如说国外过来的，适合看的孩子往往是两岁以内都可以，一个戏只演半个小时，有半个小时的互动，这些剧团的剧目来到国内很快就卖完了，根本就买不到，可见现在的年轻父母对小孩，对于艺术的培养是从很早就开始了，所以我觉得这么有活力的剧院，可以考虑去引进一些。”

江苏省新闻出版广电局原副巡视员钱薇说：“从剧演出整个的结构上来讲，最火爆的是什么呢？就是儿童剧。江苏人或者说南京人是崇文重教的，对儿童的教育特别重视。前两天保利大剧院的客服跟我说，一出英文版的儿童剧非常火，票卖得非常好，有一个家长的孩子才 3 岁，就要让他感受这个氛围。”

比如在 2019 年暑假，江苏大剧院会演出 4 部儿童剧：中国儿童艺术剧院精心打造的儿童剧《小飞侠· 彼得潘》、北京儿艺与万达影业及原力动画联手打造的一部由动画大电影《妈妈咪鸭》这一热门 IP 改编的舞台音乐剧《妈妈咪鸭之鸭飞冲天》、巴西“羁风”剧团的《环游世界八十天》以及改编自凡尔纳同名经典科幻小说的儿童剧《地心历险记》。江苏大剧院微信公众号上预告文章的开场白是：“在上学期间，孩子们最期待的事情就是寒暑假了吧。尽管 19 年南京的夏天似乎有些‘姗姗来迟’，可要不了多久，暑假总会如期而至！孩子放了假，大人又要发愁了。漫漫暑期，除了送孩子上补习班，陪孩子写作业，咱们能干点啥有意思的吗？带孩子来江苏大剧院看儿童剧呀！既能丰富孩子的暑期生活，又能亲子同乐，增进孩子与父母的感情，还在犹豫什么？”虽然是儿童剧，但显然，营销推广部的宣传对象针对的是有儿童的家庭。虽然这四部儿童剧每一场演出的票价基本包含 580 / 480 / 380 / 280 / 180 / 100 元或者 480 / 380 / 280 / 180 / 80 元这样几个不同的价位，但是在营销上，大剧院给出了家庭套票优惠的选择，购买 280 元以上票价，同价位 3 张可以享受家庭套票优惠，显然是为了吸引父母带着孩子一同来观看。除了票价会给家庭优惠之外，在内容上，这篇微信上的预告文章尽量会显示“这几出儿童剧并不仅适合儿童看，也很适合大人看”。比如关于《妈妈咪鸭之鸭飞冲天》，它会这样宣传：“该剧在另类搞怪的家庭背景下，从不同角度切入家庭教育中的沉重话题，用轻松诙谐的对话、夸张喜感的表演为观众带去无尽的欢乐和情感的交流。三岁宝宝看得津津有味，六岁孩子看完偷偷抹泪，家长看完同样受益匪浅。”[1] 就是为了吸引全家人一起来看儿童剧。

把这四个儿童剧放在一起销售，也可以看出营销推广部在宣传推广剧目的时候，一般不会单打独斗，会把一些演出捆绑在一起销售，做成系列的形式或者艺术节的形式。这一点不单单是江苏大剧院这么做，基本上但凡稍微懂点营销推广的剧院都会这么做。

因为儿童剧的票房好，所以营销推广部也会策划儿童戏剧节，让儿童和家长共同参与到一些活动中来，比如下面是 2018 年江苏儿童戏剧节的策划：

[1] 《夏天来了，暑假还会远吗？4 场儿童剧，给孩子的暑假添点儿料》，见微信公众号“江苏大剧院 JSCPA”2019 年 5 月 13 日。

2018江苏儿童戏剧节

一、戏剧节板块组成

1.开幕式

2.剧目展演

3.工作坊、亲子课堂

4.剧院内互动区域

5.物料制作

二、具体内容策划

1.开幕式

借助一部开幕大戏进行戏剧节开幕式

并将剧院布置成儿童主题的展陈，根据剧目做孙悟空、白雪公主、朵拉等人形立牌、人偶、周边物品（与 Hamleys 合作）

户外举办嘉年华，在剧院内外各个角落开展公共空间戏剧互动、展演

邀请戏剧教育专家、戏剧人、育儿专家等做讲坛

2.剧目展演

包装成主题进行营销推广 比如:（仅供参考几种思路 名称有待商榷）

（1）合唱类 故事类（绘本故事 动画故事）感官类（如气球秀 电光秀）音乐课（合唱 打击乐）语文课 实验课

（2）剧场童话（剧情类儿童剧）纯享天籁（音乐类项目）

（3）献给成长中的自己（冒险、励志主题的）文艺少年初长成（音乐类）陪伴是长情的告白（气球秀等互动型表演、大喊大叫妈妈等亲子类）

（4）玩音乐（合唱）掏真心（亲情 友情）忆童年（孙悟空 皇帝的新衣）

江苏大剧院暑期艺术之旅	
《朱宗庆打击乐团音乐会》	7月26 / 27（四—五）
飞行船人偶剧《孙悟空》	8月11 / 12日（六、日）
《海的女儿·黎明钟声》	7月7日
气球秀《小国王》	7月15 — 16日
《猪猪侠之仙豆传奇》	7月28日
《皇帝的新衣》	8月4日
《绿野仙踪》	8月18日
《爱探险的朵拉》	8月15日
《白雪公主之冰雪世界》	8月25日
儿童节特别策划系列	
儿童剧《一生气就大喊大叫的妈妈》	6月1 / 2日（五、六）
儿童合唱节	
《巴黎木十字男童合唱团音乐会》	5月26日（六）
史蒂芬·达灵顿（Stephen Darlington）携牛津大学基督大教堂合唱团音乐会	8月10日（五）
放牛班的春天	11月（时间待定）
大剧院童声合唱团演出（待定）	

3.工作坊、亲子课堂（需艺术教育部配合协助）

邀请各领域教育专家进行表演、肢体、智力开发、美学引导、音乐启蒙、动画制作、科技探索等方面的工作坊、亲子课堂。报名可设置一定的门槛，比如买一部剧才能报一个名。

4.剧院内互动区域（需艺术经营部配合协助）

（1）绘本沙龙（金陵图书馆 南京图书馆 建邺图书馆支持图书）

（2）手工区域（DIY、陶吧、彩绘、乐高等　具体形式可参考商场或凤凰书城）

（3）礼物交换区（小朋友可以携带一样礼物，自己设计礼品包装盒，放置卡片，与其他小朋友交换）这部分也可做与红十字会合作为公益活动

5.物料制作

（1）福袋　内放置绘本（类似桃花扇的）或其他小礼物 以及剧目宣传品满减优惠券在小朋友集中的地方扫码发放

（2）邀请卡　设计一批印制着剧目中卡通人物的贺卡，可让小朋友自由发给自己的朋友，两人结伴来可获得一定优惠

（3）成长手册（儿童戏剧节宣传册）将剧目设计成闯关游戏一样的手册 每看一部戏解锁一个新技能或懂得一个道理

（4）徽章/不干胶贴纸/印章　配合3使用

三、宣传周期

第一轮（强调儿童戏剧节概念）戏剧、音乐对孩子的改变

第二轮（开票 剧目集中展示）每个剧目进行合辑和单个的发布

第三轮（具体解读 深度剖析）每个剧目的亮点和相关话题深挖

第四轮（配合活动进行造势）针对卖不好的剧目加大力度和花样

四、推广、营销渠道

1. 硬广：针对认知度较高的剧目进行硬广露出、配合

2. 微信、微博大号

3. 线下活动

4. 联合教育机构等

利用危机管理。比如有一次江苏大剧院引进了德国邵宾纳剧院的《人民公敌》，原本这个戏剧会在2018年9月13日到9月14日上演于歌剧厅，但是后来被禁了。在此之前，该剧曾在国家大剧院连续演出三天（2018年9月6日到9月8日），在首场演出（9月6日）的互动环节，因为一些不太合适的话题，现场气氛颇为尴尬，场面险些失控。9月7日早上，该剧在国家大剧院的另外两场演出的所有未售票品全面下架，演出也被要求做出修改，之后两场的演出中的互动环节被取消了，演员通过现场德文翻译告诉观众，“这里本该有个讨论，但我们的报社发行员（指剧中的一个角色）忽然不说话了”。按照原定计划，该剧将于9月13和14日会在南京江苏大剧院演两场，但是国家大剧院演完之后，它就被禁了，给出的理由是“技术原因”。所以，江苏大剧院就要向观众退票，其实这个戏的票房很好，我以及我认识的很多人都早早买好了票。江苏大剧院的工作人员给每个已经买了票的观众打退票的电话的时候，并没有直接让观众退票，而是说了抱歉，然后说为了弥补观众，可以免费来观看一场近期的华阴老腔的演出，票照退，或者也可以把《人民公敌》换成近期的一场音乐会，票钱就不退了。从这个案例中，可以看出因为要退票，工作人员要给每个已买好票的观众打电话，原本是一场危机管理，但是他们并没有把这仅仅当作一场危机管理，可以趁这个打电话的机会，点对点地进行另外一场音乐会的宣传。

第三节　面临困境

我能在江苏大剧院的推广营销部做志愿者要感谢小爽的帮助。我在江苏大剧院认识的人很少，大概只认识营销推广部一个办公室的工作人员。在这个办公室里面，除了小爽之外，小朱也是刚毕业不久的大学生，小朱平时做的事情比较零碎，比如每次一个剧上演之前，会在这个剧上演的场地外面的展示架上放置很多宣传单页，这样观众来看戏，就可以随手拿，知道这个剧目的基本内容、媒体评价等信息。办公室里还有一个“文老师”，文老师以前在苏州是一家日报社的记者，后来入职了江苏大剧院。大家称呼他“文老师”，是因为他是 1980 年生的，年纪比 90 后大一些，而且在这个办公室待的时间比较长。其实，从文化水平来讲，文老师确实也担得起“老师”两个字，有时候办公室其他人跟他聊江苏大剧院演的一些剧，他会滔滔不绝地说这个剧的背景以及他对这个剧的评价等等，知识非常渊博。而且他也出过书，可以算个作家。办公室还有一个名叫薇薇的女生，原本是她负责写江苏大剧院 JSCPA 这个微信公众号上的文章的，后来辞职了。薇薇本科是中国传媒大学毕业的，然后去英国念了个硕士，回国之后就入职了江苏大剧院，她在这个营销推广部写微信文章越写越觉得没劲，觉得营销不起来，无法发挥个人创造力，所以辞职了。办公室还有一个副部长，我和她平时不怎么交流，看起来很灵活，工作经验丰富，确实很适合副部长这个职位。

小爽能比较愉快地待在这个地方，一个原因是她确实很喜欢戏剧，她的微信签名是“所爱隔山海，山海亦可平”，还有一个原因是她情商比较高，所以在这个部门挺受重视的。薇薇辞职之后，小爽承接了微信公众号上大部分推文的写作。小爽打算在微信推文上不仅是分享剧照和精彩片段给后面的观众，以达到促进下一场演出的售票的目的，而且要力求深度和营养，对戏剧进行解构，她打算努力朝着“专业性”上靠拢，并且把推文做一种“交流”,戏剧爱好者之间的碰撞和共鸣。她还打算建立评审团机制，让对该剧不理解且不懂行的普通观众和了解该剧却没看过的观众，以及有知识储备和鉴赏能力的专业剧评人来做三个维度的交流，交流时间可在演出前或演出的第二天早晨。为看完戏出来一脸蒙的观众“解析”。她还觉得在微信公众号上发布纯文字加图片的形式比较枯燥，建议放一些视频，把观众的评论做成讨论视频，把专家的演前导赏和专业剧评人的演后剧评也做成视频，使这部分偏学术的内容具象化，这远比“授课式”的演前导赏和“论文式”的剧评更生动。另外小爽还有一个想法：南京市场缺少“戏剧类资讯”的微信大号，如上海的“好戏”、广州的“剧场摩天轮”、厦门的“戏里戏外”、武汉的“贝壳剧场”、北京的“安妮看戏”等，都是非常可借鉴的戏剧类文化公众号，要争取把“剧院号”做出“文化号”的味道，让所有文艺青年关注，把市场从垂直的票友、乐迷，发展到愿意尝试戏剧、接触音乐的文艺青年队伍中去。

第一次重大变化发生在21世纪初期，在文化体制改革的背景下，大剧院经营由政府拨款的事业性质转为市场化运作的企业性质。2002年党的十六大首次将文化体制分成文化事业与文化产业，并强调要积极发展文化事业与文化产业。因此，大剧院的经营定位与经营理念开始向市场化转变，商业演出项目大量涌入剧院。这个时期政府关注大剧院的经营性指标，各大剧院也逐渐加紧提升票房收入和市场化探索的步伐。例如：天津大剧院前身是天津大礼堂，2000年8月，剧院方首先对中剧场进行了改造，于12

月 15 日竣工并投入使用。2001 年 8 月 18 日对大礼堂的大剧场和小剧场前厅进行改造。2002 年 3 月 30 日，天津大礼堂的改造工程完成。经过改造后的天津大礼堂场地功能发生变化，被冠名为“天津大剧院”，2002 年至 2012 年天津大剧院与天津大礼堂属于“一个机构两块牌子”，在承办不同性质的活动时使用不同的名称。在举办由政府主导的官方活动时一般使用“天津大礼堂”，进行市场化运作、主办商业活动时使用“天津大剧院”。为了更好地开展商业活动，地方政府将天津大剧院委托给剧院管理公司经营。

第二次是强调“社会责任”的深化文化体制改革。2015 年 9 月，中共中央办公厅、国务院办公厅印发了《关于推动国有文化企业把社会效益放在首位、实现社会效益和经济效益相统一的指导意见》，提出“要建立健全两个效益相统一的评价考核机制”。在此背景之下，大剧院的经营战略与经营定位相应地做了一些调整。在经营业务配比上重新做了权衡，加大了社会公益项目的投入。

第三次是社会资金准入带来经营方式的转变。2016 年在第一批和第二批示范项目中，有的大剧院项目取得了一些成功经验。比如：福建省泉州市文化中心采取 PPP 投入模式，将公益性文化设施与经营性文化设施相配套，用经营性收入反哺公益性投入，民营资本把长期稳定的盈利投入到文化建设中。2017 年陕西省西安市大明宫建设通过 PPP 模式，探索出一条文化遗址保护与文化产业开发有机结合的路径。从经营方式来看，一方面，政府对公共文化设施领域采取政企 PPP 模式政策，改变了剧院从建设到运营过程中出现的“重建设轻运营”现象；另一方面，致使越来越多的民营资本开始涌入剧院管理行业中。聚橙网等民营企业已经在全国开启“泛剧场”模式，以政府零补贴或低补贴的竞争优势接管剧院，依靠自己的其他业务收入来补贴剧院运营。阿里巴巴和绿城等大型民营企业在杭州正联合打造“中国越·剧场”，开始试水剧院演出行业，可以预见这将给剧院经营带来新的生机。

第四次是文化部与国家旅游局合并组建成“文化和旅游部”，这将会为大剧院未来的经营定位与经营方式带来相应的影响。2018 年 3 月 17 日，十三届全国人大一次会议表决通过了关于国务院机构改革方案的决定。4 月 8 日，新组建的“文化和旅游部”正式挂牌。11 月末，地方文旅系统全部完成挂牌，文化和旅游真正走向深度融合。在文旅结合的项目中，大剧院会出现新的发展契机，同时，受到文旅项目特殊性的限制，在经营过程中必将会遇到很大的挑战。

政府的文化政策导向会影响到剧院行业的发展。在短短的 30 年间，中国的文化政策经历过多次调整，大剧院需要不断地适应，并随之转变经营方向。当然，中国的剧院行业生态环境目前也面临着一些现实困难。剧院是演艺产业链中最为重要的组成部分，它的良性发展需要整个演出生态环境来培育。

一个问题是多数大剧院的建造和经营问题影响场地的使用率。2007 年以后，随着国家大剧院的正式落成与启用，新一轮剧场建设的热潮席卷了全国二、三线城市。即便出现了诸如国家大剧院、上海大剧院、广州大剧院等全年演出场次较多、观众人数较多、知名度较高的大剧院，但从占比来看，全国多数大剧院的空置率仍然很高，究其原因主要有两个方面。一方面，当地民众对大剧院的认同感不强。大剧院的兴建以及上演的剧目是否与当地经济、政治、文化的发展相匹配，是一个值得思考的问题。有些经济发展较好的城市，其民众文化素质尚未完全与之相匹配，贸然建设动辄投资数亿元甚至数十亿元的大剧院，会为以后的运营带来很大困难。另一方面，大剧院建成以后，大多成为当地的文化地标性建筑。在开业之初往往都以上演国内外知名院团的知名剧目为开业大戏，被贴上了高雅艺术的标签。但是上演的剧目不一定能被当地民众接受，媒体在进行报道时，也多以上演的剧目为切入点，很少强调大剧院的公益性与为民服务的主旨定位，致使多数民众望而却步。建、用脱节也是导致大剧院空置率居高不下的一个重要因素。中国的大剧院建造借鉴于西方，但是西方的大剧院多有驻场剧团，而中国的大剧院上演剧目多以巡演为主，是接待演出的经营方式。在建设初期并未对其未来的经营有清晰定位，即便在设计阶段也无法向建筑设计院提供清晰的任务要求。整体施工基本完成以后，运营方才会以竞标或接受委托的方式介入剧院管理。这就导致大剧院的规划和建筑设计在场地空间布局、空间功能划分，以及舞台机械设备配备等方面与使用方发生脱节，必然会影响到剧院后期的经营和管理。与此同时，大剧院的建造速度与经营能力的提升不同步。在短短的 30 余年间，中国的大剧院建造速度很快，但是剧院可持续发展的经营能力尚未得到提高。作为剧院经营者，需要用敏锐的眼光去发现影响剧院未来发展的关键因素，从而采取正确的经营策略。目前中国的剧院经营者大多迫于经营压力，无暇顾及影响剧院可持续发展的战略规划，日常工作集中在完成当地政府、业主或上级主管部门分配的经营指标上。然而对大剧院的收支平衡安排、资产的保值增值、利润分配与经营收入占比、财务杠杆的作用等影响剧院长期稳定发展的关键因素缺乏深入的分析与研究，这些问题能够影响剧院的上座率，最终也会在剧院的经营业绩上体现出来。

第二个问题是演艺产业链不完善，剧院生存环境欠佳。对演出方而言，大剧院的建设有助于为其提供更广阔的演出空间，为新剧目的呈现创造有利条件；但是随着演出数量急速增加，演出质量高且能被观众认可的演出项目却屈指可数,针对大剧院的场次需求,优质项目供不应求。对观众而言，设施完备的大剧院可为其提供更好的文化体验，使人民群众的精神生活更加丰富,文化素养得到提高;但是能从"美育引导"上尽心尽力的剧院并不多，在品牌活动的打造以及剧院服务等方面都有待提升。对剧院本身而言，大剧院多已被定义为城市文化地标，在文化事业与文化产业双重行业背景下生存并寻求发展。当代大剧院的运营管理直接影响着演艺产业链的良性发展，其功能也早已跨越了简单的演出场地的概念，大剧院的经营理念需要从演出场地到艺术交流空间实现转变。

第三个问题是营销渠道的变化给剧院经营带来更多不确定因素。从现今大剧院的演出业务来看，演出的采购渠道虽然呈现多样化趋势，但仍然以引进剧目为主。在票务销售方面，剧院行业的票务系统也正面临着大洗牌的阶段，传统票务公司的市场份额正在发生变化。成立于 2004 年的大麦网，作为中国综合类现场娱乐较为成功的票务营销平台，在 2017 年 3 月被阿里巴巴集团收购，正式加入阿里大文娱战略板块，开始进军线下内容落地与整合渠道的业务。北京保利剧院管理有限公司凭借自己演出院线的优势，建立起保利票务系统。上海 SMG 集团下属剧院同样在使用集团自己开发的票务系统。尽管通过票务系统可以掌握票务销售状况的大数据，但是因票务公司的营销能力参差不齐，这些数据未必都能得到很好的利用。在剧目营销方面,目前也出现了专业的剧目营销公司,在引进国外剧目的同时，也承担着国内巡演的营销工作，以整合传播的营销优势介入到戏剧演出行业中。

第四个问题是缺乏专业的剧院经营管理人才，这是影响大剧院发展的关键。对于剧院经营管理者而言，剧院行业的特殊性要求其应具有较高的艺术审美能力、敏锐的市场判断力、戏剧作品的营销能力、场地的运营管理能力，以及良好的协调和沟通能力等。目前，演出行业十分缺少专业的剧院管理人才，经过30余年的发展，行业内出现了一批较为专业的剧院管理者，他们大致有三种职业背景，一是行政事务管理，包括政府干部、财务管理、人力资源管理等；二是剧院团管理，曾做过艺术创作或文艺院团管理工作；三是企业管理，从事过物业管理或工商企业管理工作。由于职业背景不同，他们在做剧院管理工作时各有所长。此外，高等院校的专业培养使一些热爱剧院工作的青年人才成长，随着国外留学生回国潮的兴起，越来越多具有国际剧院工作经验的管理人才逐渐进入剧院行业，为剧院的经营管理带来一线生机。但是，这还远远满足不了市场需求，专业的剧院管理者需要经过长期的职业历练，短短的几十年内，中国建造了大量的大剧院，这种供需矛盾并非短期内可以解决的。

另外，地方政府整合文化资源对大剧院有一些影响。随着文化体制改革的进一步深入，各地方政府正在加紧整合当地的文化资源。他们通过出台促进文化繁荣新政，盘活区域文化资源，发展演出院线等措施，以期繁荣当地的演出市场。当前，剧院运营的资金来源多以政府财政补贴为主，渠道较为单一，同时地方政府都希望剧院能够做到自主经营、自负盈亏。在剧院建设发展的过程中，虽然国家在资金准入上放宽政策，但是受到剧院建设投资金额大、回报周期长、运行成本高、经营效益低等行业特点的限制，单纯投资剧院开发建设的商业成功案例到目前为止尚未出现，整个剧院行业的生态环境还没有形成良性循环。政府的财政补贴不足，未形成成熟的商业模式，也是大剧院经营定位相对模糊的成因之一。各地方政府对文艺演出的扶持政策不尽相同，这都或多或少地影响着当地大剧院的经营。

还有，多业态融合发展给大剧院带来了一些新变化。随着中国整体产业结构的调整，大剧院行业的发展出现了许多新的变化。新组建的文化和旅游部成立以后，以“宜融则融、能融尽融、以文促旅、以旅彰文”的思路开展工作。各地方政府除了加大文化资源整合的力度，传统的剧场演出也通过文化与相关业态的融合发展推动了大剧院行业的急速发展。但是，其他行业资本介入给剧院行业的经营定位和经营方向带来了很大影响。文化与地产行业的融合促进了大剧院的兴建。互联网行业的介入，为大剧院行业带来了内容与技术的革新。金融资本的介入给演出行业带来了很大影响，也为大剧院的剧目来源提供了更多选择。

以上这些都是大剧院在新的形势下行业内部所面临的现实困境。

第三章

城市、剧院与人

第一节 地方与全球化

一个城市的剧院是这个地方文化的表征。对于原创剧目的强调一方面是迎合国家在文化上的政策。2013 年，联合国教科文组织和联合国开发署联合发布《创意经济报告》，主题为“迫切需要找到鼓励创造和创新的发展新途径，力争实现包容、公平和可持续增长与发展”。这个经济报告把文学、音乐、表演艺术和视觉艺术作为重要的核心文化，指出创意经济时代，文化、艺术是社会可持续发展的关键因素 2014 年 3 月 14 日，国务院发布《推进文化创意和设计服务与相关产业融合发展的意见》，明确文化产业成为我同产业主体由“中国制造”向“中国创造”转型的重要推手。江苏大剧院从创立之初就追求加强与著名导演和编剧、知名演出公司和机构合作，有效整合国内外一批优秀的艺术资源，开展好原创类剧目的研究与生产，有计划地推出歌剧、话剧、京剧等自制或合作剧目。一个剧院最主要的东西就是它的内容，江苏大剧院的很多剧目都是依靠从外部引进的，但是只有自己制作、生产剧目才能真正显示出一个剧院的能力。在剧院的内容经营方面，剧目制作比引进剧目更加重要，这些自制的剧目不是像引进的那样一次性呈现，而是可以源源不断地积累和更新。这种内容生产，不是创作、制作和表演的简单合并，而是要把这些步骤构成一个有能量的生产体系。

另外一方面，因为内容生产是生产属于自己剧院的作品，它是原创的，它与这座城市的人、文化和生活紧密结合在一起，反映了一个城市的富有特色的地方文化。而这种独特的地方性，在当下全球化时代中，显得尤为宝贵。套用阿帕杜莱的话，这也算是一种“地方性”的生产（production of locality），即通过对“地方”个性化的塑造，来强化地方给予外界的印象。

范可教授曾指出全球化本身无法带来同质性的文化却可能导致文化多样性的生产和传统再创造，如果传统是现代性的对应物或“他者”，那么，在当下的语境里,地方必然与全球化互为“他者”。所不同的是,地方是“有意识”地与全球化进行互构，它必须通过全球化来显现自我。所以在这种全球现代化的场域中，对每一个地方而言，都是宣传、塑造和发展自己的良好契机。

江苏大剧院通过自制剧目这个载体展现江苏这个地方的文化，以求在文化的同质化比较显著的全球化时代找到自己的位置。江苏大剧院自开幕以来，自制剧目有京剧《青衣》、歌剧《拉贝日记》《木兰》和《鉴真东渡》。四部自制剧目中有三部都是歌剧，江苏大剧院很重视歌剧的引进和制作。

先说《青衣》，京剧《青衣》改编自江苏著名作家毕飞宇的同名小说，毕飞宇可以说是南京的一张文化名片，同时他也是江苏大剧院艺术基金会理事长。从原著作者毕飞宇，到主演李亦洁，作曲指挥吴小平，编剧杨蓉，配器王啸冰等,都是江苏人,可以说这部京剧是“江苏力量”的集合。2015年，江苏大剧院就有这一计划，2016年剧本写作和修改，并且在国内外寻找合适的人参与创作，导演张曼君、舞美刘杏林、唱腔设计尹晓东、陈建忠等国内一线名家加盟这部京剧，2016年7月底剧本终稿完成，8月初正式开始排练与相关制作工作。

作为首届紫金京昆艺术群英会开幕大戏，京剧《青衣》于2016年11月27日晚举行了带妆联排，业界专家、部分观众以及很多媒体记者前来看了这次联排，第二天,《扬子晚报》《南京日报》、网易新闻等多家媒体纷纷刊登了《青衣》彩排状况，并对《青衣》首演寄予了很高的期待。

《青衣》的正式首演是2016年11月30日在紫金大戏院，演出之后，

年度关键词

文化自信

文艺气象

2016 戏剧篇

年度话题

导演艺术的丰富

年度推荐

歌剧《长征》（国家大剧院）

史诗气派

昆曲《临川四梦》（上海昆剧团）

因梦成戏

话剧《玩家》（北京人民艺术剧院）

破局之作

舞剧《杜甫》（重庆市歌舞团）

用心创新

京剧《青衣》（江苏大剧院）

别开生面

观众反响热烈，并获得京昆艺术紫金奖“优秀剧目奖”和“表演奖”两项大奖。据媒体报道，演出结束后，中国戏剧评论家协会副主席毛时安用“出手不凡”来评价江苏大剧院原创自制剧，认为这台戏“始终抓住了人性当中最能让我们产生心灵颤动的东西，那就是人性的纠葛、纠结”。北京、上海等地数位专家都对《青衣》首演给予了很高的评价。著名评论家、中国艺术节评委黄海碧在《中国戏剧》上刊发了《舞台梦境展青衣——张曼君在现代京剧<青衣>中的导演探索》一文；中国戏剧评论家协会副主席毛时安在《新华日报》上刊发了《京剧<青衣>，一台近乎完美的作品》一文；关于《青衣》舞美的文章《刘杏林：舞美设计的表现力在戏剧关系中——京剧<青衣>舞美访谈录》被刊登在中国舞台美术学会官方公众号。

2017 年 1 月 10 日，京剧《青衣》还获得《人民日报》提名。《人民日报》文艺评论版面刊发了 2016 戏剧“年度推荐”，在五部推荐大剧中，江苏大剧院首部原创自制京剧《青衣》名列其中。

京剧《青衣》收获了业内外很多的好评，比如李小菊以《纯美的人性呈现 纯粹的艺术表达》为题发表一篇对它的评论刊载在《中国文化报》上。文中对《青衣》的内容与舞美都很赞赏：

“再难回弯弯曲曲的田野小径，再难听清清澈澈的泉水淙淙。从此后每到月华升天际，便是我碧海青天夜夜心。”京剧《青衣》以这段《奔月》中的核心唱段为结构支点，讲述了一个京剧团排演《奔月》的前世今生，展现了青衣演员筱燕秋从演艺巅峰到“再难回”的人生阅历和心、路历程，以纯净极简的舞台呈现、表现手法和叙事选择，表达了戏曲人的人格理想和艺术理想，是一部从形式到内容都极干净纯粹的戏。

京剧《青衣》之纯美，首先在于它提炼出原著的精华与精髓，对故事、人物和主题进行纯化，塑造出一个纯粹的戏痴筱燕秋形象。人们经常说艺术源于生活，高于生活。戏曲可以改编自其他文艺形式，但也要高于原著，更要超越现实，进行艺术化的提纯。相较于一些追求形式唯美的戏曲作品，京剧《青衣》更应该被人们重视的是它所展现的艰难挣扎中理想人性的纯与美。

京剧《青衣》对原著的改编，进行了向内转的挖掘，更多着墨于充满张力的人物内心刻画和人物关系处理，而不过多关注人物所处的外部生存环境，如用一句“市局拨款”淡化了小说原著中剧团筹款排戏、演员争取主演角色的艰难、屈辱与不堪，尽管这可能是众多剧团不得不面对的事实，但反映现实、批判现实明显不是京剧《青衣》要表现的重点和追求的目标，也明显不是导演张曼君一贯的艺术理想和艺术风格，她的作品总是用美好和隐忍赋予艰辛、苦难和磨砺以更鲜亮的色彩和更温暖的希望。艺术作品可以表现现实的真实与残酷，但更应该表现生活的美好、理想和希望，这是京剧《青衣》与原著最大的区别,也是京剧《青衣》改编的独特艺术价值。

天才青衣筱燕秋清高孤傲，不通人情世故，她“戏里戏外拎不清”，认为自己是唯一的青衣、唯一的“嫦娥”，曾经因一针见血地批评前辈演的嫦娥缺两样东西“一双草鞋、一把手枪”,断送了自己的前程,二十年不得登场，这是她对表演艺术的严苛要求，但更容易被人们看成是嫉妒和霸台。她的这种性格在二十年后看春来的表演时，同样表现出来，春来在排练时尽力地展现自己，她却不留情面地批评她是在“卖弄”,“和当年的B角一样”,“离嫦娥还远着呢”！从艺术的角度来讲筱燕秋也许说得对，但是，她的这种冷傲同样容易被人们看成是对年轻的、优秀的、充满希望的后起之秀的打压和嫉妒。然而，当她竭尽全力地用种种技巧掩盖自己表演时体力的不足时，却清醒地意识到自己的艺术青春已经不可挽回地逝去了。正式演出的最后时刻，她接受了残酷而无奈的现实，把机会让给了风华正茂的春来，让春来成为自己心目中唯一完美的嫦娥。也许筱燕秋表演青衣嫦娥的机会之门永远关闭了，但是，当她对着春来扮演的嫦娥深深一拜，那一句“行大礼送我的女神奔月行”，却有着感动人心的力量。筱燕秋的经历，代表的是一个戏曲演员的悲剧命运，表现的是筱燕秋的悲剧精神，这种不动声色却无比痛楚的悲剧精神，让人感到深深的悲怆。

筱燕秋这种对待艺术、对待自己、对待他人的近乎冷酷的纯粹，我更愿意称其为“干净”。这样干净、纯粹的演员现实中有吗？当然有！前辈大家如梅兰芳，当代演员如张火丁，应该还有许许多多知名或不知名默默为戏曲艺术坚守的演员们。因此，我们完全可以接受京剧舞台上这一个“干净”而纯粹的青衣筱燕秋。就连小说《青衣》原著作者毕飞宇都肯定了京剧《青衣》对筱燕秋形象的“圣化”处理。“圣化”也好，“理想化”也好，这都是舞台艺术应该也可以带给我们的纯粹的艺术形象和艺术享受、艺术感悟。针对当前戏曲创作尤其是现代戏创作反映现实、反腐倡廉等剧目占大部分比例的现实，也许这种神圣化的、理想化的题材和人物，摆脱了当代戏曲创作挖掘复杂主题、反映复杂人性等诸如此类的使命感和责任感，更加接近我们期待的戏曲艺术反映真、善、美的本真。

对艺术的执着形成的偏执、倔强性格造成的错失、时代变迁带来的蹉跎、女性命运注定的诡谲，让一个天才演员的人生就此荒废，让人不禁扼腕叹息。女性演员的敌人，京剧《青衣》残酷地展现了任何一个女演员都难以避开的宿命：怀孕。筱燕秋得知自己怀孕的喜悦尚未消逝，就猛然意识到这个来得太不合时宜的孩子给她的表演生涯带来的巨大威胁，也许她二十年坚持不孕就是为了盼望着能再演嫦娥的这一天，可是就是在盼来主演嫦娥的那一天她兴奋失态，与丈夫面瓜的一夜狂欢，孕育下了生命的种子，却也埋下永远错过主演《奔月》机会的伏笔。她果断地决定拿掉这个孩子，造成她与丈夫难以弥合的裂缝。

剧作充分而巧妙地将《奔月》融入全剧之中，嫦娥这个形象，象征着青衣表演的极高水准和艺术境界，而嫦娥奔月所食的“药”也充满寓意地出现在剧中，嫦娥吃了灵药才可飞天，而怀孕的筱燕秋只有吃了“灵药”才可轻身上台，表演嫦娥。这个残酷的“药”，是帮助嫦娥飞升的良药，也是注定她永远寂寞于月宫的一碗苦水；这个残酷的“药”，是夺走筱燕秋身体里孕育的那个生命的绝命药，同时又是她表演生涯的灵丹。然而最终，无论是嫦娥还是筱燕秋，“灵药”都变成苦酒，铸就了女性的悲剧命运。无论是嫦娥还是筱燕秋，都是“不染风尘、甘守寂寞、自断后路”，都对自己的人生充满不舍、无奈、凄凉和悲怆，我们似乎看到筱燕秋那如月中嫦娥般孤寂无依的灵魂。

京剧《青衣》给我们留下深刻印象的，还有它自由自如的舞台时空转化手法，这种舞台表达手法，既非常传统，又极具创新精神。时空自由是中国戏曲最重要的特点之一，张曼君许多作品都充分体现了这一时空观，并在这部戏里运用得炉火纯青。这主要表现在三个场景中。第一场，是二十年前“嫦娥”A、B角发生冲突的那场戏，通过夏明与筱燕秋的角色扮演，既是二十年前的时空再现，又是剧团排练厅夏明复述当年情景的真实场地，时间与空间就这样在无形中发生了转换。第二场，是筱燕秋回到家中，与丈夫面瓜围绕一锅鸡汤展开对二十年前二人相识一幕的回忆，乔炳璋从舞台后区出现，面瓜换上一套白色警服，筱燕秋直接进入回忆场景。这些场景转换的表现手法在当代戏曲中比较常见，特别是在张曼君作品中已经成为常规，如演员在舞台上当众换衣进入回忆的手法，我们在《花儿声声》《母亲》《红高粱》等众多作品里都可以看到，这种手法减少了传统戏曲中演员通过上下场换戏装需要的时间，通过其他演员的表演、群众演员的遮挡或灯光明灭的运用，达到转换场景的目的，节省了演出时间，使得全剧节奏非常紧凑，气韵非常流畅。

京剧《青衣》最值得我们注意的是第五场里筱燕秋在排练《奔月》的现场不断"抽离现场"的一场。筱燕秋在刚刚流产之后进行排练，每演唱一句《奔月》中的唱词，她就不断"抽离现场"，既表现出她的力不从心，更表现出她无法全身心投入到排练之中的精神状态，真实而形象地反映出她的内心世界，是心理外化的一种手段。心理外化是一个来自西方戏曲表演理论的名词，特别是20世纪80年代后期进入中国戏剧，几十年来已经成为中国戏曲表现人物心理活动的重要手段。事实上，中国传统戏曲表演艺术中早已经有心理外化的表演程式，如用独唱、背躬等演唱方式表现人物心理活动，用搓手表现人物的思想斗争，用水袖功、髯口等表现激烈的内心活动。当代戏曲表现人物心理外化的手法，借鉴了西方表演理论和影视剧镜头切换的表现手法，通过暗场和定点光的运用，借助人物的上下场，打破时空界限，最突出的例子，就是人物的隔空对唱，以及人鬼对唱等手法，如京剧《廉吏于成龙》中身在福建的于成龙与远在山西老家的妻子隔空对唱表现于成龙官场受挫后思念妻子和家乡的心理活动，再如晋剧《傅山进京》中傅山思念亡妻人鬼对唱的段落，都是人物心理和思想活动外在化表现的经典，而且已经成为戏曲常用的表现手法。从这些例子中我们可以看出，当代戏曲中人物心理外化的表现，除了人物独唱和表演外，往往要借助另外一个人物展开，而京剧《青衣》里筱燕秋心理外化的表现手法，是筱燕秋在全团人员众目睽睽注视之下，借助影视剧中的慢动作和场景定格，在表现现实时空的同时，来表现筱燕秋此时此地的心理时空，这种心理活动伴随着她对嫦娥的表演，仅仅存在于筱燕秋的一念之间，稍纵即逝。但是京剧《青衣》的编剧和导演勇于打破常规，挑战戏曲表演艺术的不可能，抓住这一段可以大做文章的小小的心理空间，运用戏剧化的手段充分延长和扩大这一空间，给人物心理活动的刻画和演员的表演提供更多的时间和空间。自如地运用戏曲时空自由的处理方式，已经达到一种随心所欲、无所不能的境界。

京剧《青衣》简约主义的舞台呈现，也为该剧整体素雅的风格增色不少。舞美的作用一般用于营造场景、烘托气氛、制造意境，像京剧《青衣》这样象征化地把舞美延展为表现人物心理时空的做法，在戏剧舞台上是不多见的。该剧舞台的主色调是黑、白二色，也由此黑、白二色划分出理想与现实、艺术与真空两个空间，黑色代表压抑而沉重的现实；白色代表理想、代表舞台、代表月中嫦娥。当纯黑舞台背景中那一框白色渐渐放大，我们看到筱燕秋在沉重现实中的纯净、纯美的艺术理想。而当最后那白色背景中月里嫦娥被一块黑色所遮盖的时候，我们看到的是筱燕秋艺术之门的无情关闭和她舞台理想的永久幻灭，取而代之的则是新一代青衣春来的光明未来。

京剧《青衣》以独具匠心的改编思路、导演手法和演员精湛高超的表演，为我们奉献出一场从舞台样式、表现手法到情感体验都十分新颖的审美体验。这种新鲜的表现形式，却没有跳出戏曲传统的表现程式，是坚持中国传统戏曲美学宗旨基础上的探索、尝试与创新，是在把握戏曲作为一

青衣
首次登上京剧舞合
毕飞宇文学作品
THE MOON OPERA
江苏大剧院

门综合艺术原则之上的融汇与突破。张曼君是一位成熟而出色的导演艺术家，在这部戏里，她不但把自己惯用的导演语汇和表现手法运用得更加圆融和流畅，而且像她的每一部戏一样有创新、有突破、有看点，她一直在用对传统戏曲无限的热爱、才华、激情和勇往直前的创新精神为中国戏曲的现代化作出自己的贡献。[1]

2017年2月21日京剧《青衣》肩负“江苏制造”的使命，巡演第一站在国家大剧院演出。

《青衣》所表征的地方性主要体现在：首先如前所述，它的主创人员大部分都是江苏人，其次它的内容的表达以及表达内容所用的形式很中国很传统，它是通过地域性或者说民族化的语言来表现的。京剧这种类型代表的是中国的传统文化，它在大剧院这种西式的、现代的当代剧场中演出，表现出它试图在无远弗届的全球化潮流中积极和能动地展现自身的主体身份。传统戏曲艺术在江苏大剧院舞台的表演，体现出大剧院除了给世界性的舞台剧作品提供展示平台，给国际性的艺术活动提供交流平台，同时也制作和扶持本民族的传统戏曲艺术，给传统文化一个生产空间，赋予这一“给定的空间”地方性。

如果说京剧《青衣》凸显了江苏的地方性，那么由江苏省委宣传部指导，江苏省文化投资管理集团、江苏省演艺集团联合制作，江苏大剧院出品的原创歌剧《拉贝日记》则很好地表达了地方与全球化之间的互动。江苏大剧院对歌剧非常重视，引进剧目中就有很多歌剧。歌剧是全球性的艺术，位居世界前列的知名歌剧院无不拥有自己杰出的剧目制作作品。比如像米兰的斯卡拉大剧院、拜罗伊特节日剧院、纽约大都会歌剧院，这些剧院如

[1] 李小菊：《四戒斋剧品》，中国戏剧出版社2020年版，第109-113页。

此著名，不仅仅是因为它的建筑与演出，更因为有威尔第、普契尼、瓦格纳、托斯卡尼尼等艺术家曾将他们的作品在这些剧院之中孕育。一个剧院的建设靠的是资本的注入，而真正能显示出一个剧院的水平的是它创作和制作艺术作品的能力。

江苏大剧院歌剧制作一般流程：1. 剧目制作启动；2. 筹备阶段工作（全面建立项目组、前期行政管理）；3. 剧目排练、制作阶段（排练筹备、剧目排练、舞美制作、排练期间的其他部门工作推进）；4. 进场、技术合成、彩排阶段（进场前的管理、进剧场与装台、彩排）；5. 演出；6. 演出结束及离场；7. 评估。

歌剧《拉贝日记》的首演是在 2017 年 12 月 13 日，是侵华日军南京大屠杀 30 万同胞遇难 80 周年。八十年前的 1937 年，南京大屠杀惨案发生，南京城一片凄惨的景象。约翰· 拉贝当时是德国西门子公司在南京的业务代表，他看到侵华日军血腥屠杀南京市民，他和金陵女子文理学院院长明妮· 魏特琳，美国传教士约翰· 马吉等二十多位国际友人在危机中主动选择留下，成立南京国家安全区委员会，拉贝承担起安全区委员会主席一职，对惨遭暴行的中国公民伸出援助之手。在最艰难的日子里，他们记录下有关南京大屠杀的珍贵资料《拉贝日记》，后来成为还原历史真相的最有力证据。约翰· 拉贝因此被称为“中国的辛德勒”。

2017 年 12 月 13 日，由江苏省文化投资管理集团、江苏省演艺集团联合制作，江苏大剧院、江苏省演艺集团出品的原创同名歌剧《拉贝日记》问世，重现难忘历史、吟咏人性光辉。创排这部歌剧，是为了纪念并感恩拉贝等国际友人，是为了记录历史，唤起全世界对人类命运共同体的思考。这既是一个中国故事，也是一个关于世界的故事。

上海音乐学院声乐系教授宋波在看了《拉贝日记》的首演之后说:“在国家公祭日观看由江苏大剧院出品的《拉贝日记》,感慨万千,心情久久不能平静。这部原创歌剧整场演出音乐震撼戏剧感人,两者均具有很强的张力和表现力,舞美设计理念新颖独特,导演水平国际一流。无论从作曲家的音乐创作,歌唱家的舞台演唱和表演,到指挥家对乐队的整体把控都表现出极高的水准,它是近年来中国歌剧舞台上呈现的又一部优秀的原创作品。歌剧尤其是在最后一幕拉贝的告别独白,小提琴的独奏及一气呵成的合唱终曲将歌剧推向高潮。音乐和剧情感人肺腑催人泪下,为观众呈现出了勿忘国耻热爱和平的美好画面。祝贺江苏大剧院!祝贺以唐建平为首的国际主创团队!祝贺优秀的艺术家们!在这个特殊的日子里“拉贝日记”让南京人民无眠!愿世界永远和平!”[1]

首演现场还迎来了一批特殊的观众,他们中有约翰· 拉贝的孙子托马斯· 拉贝、约翰· 马吉的孙子克里斯托弗· 沃尔福德· 马吉等,他们都是 80 年前成立南京安全区国际委员会的国际友人们的后代,看着舞台上演绎着自己先辈的故事,他们也都被深深地打动了。拉贝孙子托马斯·拉贝说:“首先我想说,能够看到这部歌剧我真的非常非常感动,真的是太完美了,你们所扮演的我的爷爷在舞台上的演唱让我折服,我爷爷的故事被一次又一次地搬上电影、戏剧等各种媒介和舞台,把这段记忆带给了更多人。我爷爷当年跟我说,日本军官曾经问过他为什么要帮助中国人,他说他在中国生活了 30 年,儿子、孙子都出生在这里,我们跟中国人民都有着深厚的友谊,作为一个诚实守信的德国商人,他无法对中国的朋友们置之不理。我

[1] 《<拉贝日记>12.13 首演夜 他们跨越肤色和种族 共同谱写希望与和平的光明赞》,见微信公众号“江苏大剧院 JSCPA”2017 年 12 月 14 日。

爷爷曾经说过，你如果能救助一个人的性命，你就救助了整个世界。”[1]

首演当天，江苏大剧院歌剧厅前厅布置的“生命有大爱——南京大屠杀惨案发生 80 周年 拉贝 &《拉贝日记》特展”也吸引了很多观众驻足。演出结束后，不少观众都在签名墙上留下了“铭记历史、珍爱和平”“前事不忘，后事之师”等字句。

与其说是舞台和展览，不如说这是建构的记忆场所。城市靠记忆而存在，城市中的人也需要记忆，需要凝结记忆的历史沉淀物，这些沉淀物以历史见证者的身份超越了其自身的生命周期。按照自然逻辑，时间是一种循环，万物皆有始有终。历史固然是以时间来计算的，但它是线性的时间，它一头指向未来，另一头指向过去。人试图永远留住现在，使当下的在场永恒。正是出于永恒的需要，人才更需要过去，因为没有过去在场的记录，似乎就不可能提出当下永恒的要求，同样，没有未来，永恒便不能构成永恒，而只是瞬间。历史便是这种人之生存结构的展开。法国历史学家皮埃尔·诺拉于 1978 年提出了“记忆之场”的概念[2]，主张通过研究“记忆之场”来更好地促进文化记忆的延续。舞台上呈现的歌剧以及歌剧厅前厅展览的物品可以被看作是展示南京的历史文化、承载南京记忆的有效物质载体，它们突破了时间和空间的限制，仿佛是南京这座城市的记忆见证者、记录者与展示者。

这类独特的城市记忆可以增强城市居民的认同感和凝聚力。德国哲学家扬· 阿斯曼在《文化记忆——早期高级文化中的文字、回忆和政治身份》

---

[1] 《<拉贝日记>12.13 首演夜 他们跨越肤色和种族 共同谱写希望与和平的光明赞》，见微信公众号“江苏大剧院 JSCPA”2017 年 12 月 14 日。

[2] [法] 皮埃尔·诺拉著，黄艳红译：《记忆之场：法国国民意识的文化社会史》，南京大学出版社 2015 年版。

一书中系统地探讨了文化记忆理论的三个方面内容:“记忆(对过去的指涉),文化的延续以及认同(政治想象)”[1]这三个方面的内容存在因果关系，首先是有关过去的记忆，城市中的一些社会群体对城市历史中某些特定时间截面中的事件、人物、场所和情境等有共同记忆，在这里，就是对南京大屠杀以及国际友人拉贝伸出援手、记录历史的记忆，这种记忆行为的结果促成了关于过去文化的呈现，呈现在这里就是歌剧《拉贝日记》以及“生命有大爱——南京大屠杀惨案发生80周年 拉贝 &《拉贝日记》特展”，文化通过这种呈现得以延续，然后在文化的延续中才能达成社会对集体文化的认同，有了集体文化认同，共同的社会身份才能得到认同。

江苏大剧院创排的歌剧《拉贝日记》体现了南京这座城市独有的文化记忆，而这也是它的地方性。地方是由自然景观、建筑和人的活动共同营造出来的某种有边界的空间，地方特色在一般意义上是对这种空间的认同和长期构筑的结果，因此总是围绕感觉定义的。地方特色就是“一个地方的场所感”，就是人能够区别不同地方的差异，能够唤起对一个地方的记忆。从心理和文化角度来说，地方情感使处于其中的人产生亲近感。爱德华·拉尔夫说，成为人就是生活在一个充满意义的地方世界中，“‘地方’以这种方式使人适得其所，它同时揭示了他的存在之外部联系以及他的自由和现实之深度。”[2]段义孚则以topophilia(恋地情结)[3]来描述人与地方或环境之间的情感联系，在他看来，这种联系包含了情感、态度、价值观和世界观。地方是长期历史积累的结果，这正是每个地方都有自己特色的原因，这种

[1] [德]扬·阿斯曼著，金寿福，黄晓晨译:《文化记忆:早期高级文化中的文字、回忆和政治身份》，北京大学出版社2015年版，第6页。

[2] Edward Relph, Place and placeless, London: Pion Limited,1976,p.1

[3] [美]段义孚著，流苏译:《恋地情结》，商务印书馆2018年版。

特色，也正是文化的精髓所在。

但是《拉贝日记》又不止于此，在2019年经过打磨和提升，它生成了一个巡演版，它在4月24日晚在国家大剧院歌剧院首演之后，开启了它的海外巡演之旅。它具体的巡演日程如下：

7月3日 柏林国家歌剧院

7月4日 柏林国家歌剧院

7月6日 汉堡易北爱乐音乐厅（音乐会版）

7月9日 维也纳罗纳赫剧院

7月10日 维也纳罗纳赫剧院

《拉贝日记》的巡演版更能体现它的“中国故事，国际表达”。首先，它的主创团队是国际化的，巡演版集结了国内外优秀的艺术家，由指挥许忠携手薛皓垠、韩鹏、徐晓英、田浩江等中外艺术家在作曲、编剧、导演、舞台美术、服装设计、灯光、多媒体等多方面进行全新创排，用国际视角、世界语言讲述的这段历史；其次，它的主题是世界性的。用艺术传递对珍视和平的呼吁、对残酷战争的谴责，展现国际友人对生命不分国界的尊重，同时向世界范围内的“人道主义之爱”致以最诚挚的感谢。指挥许忠表示，希望能让世界聆听拉贝的声音，要让人们从悲壮里看到人性的美好与生命之光。

《拉贝日记》的巡演同样收获了海外观众的好评。搜寻国内外网站，可以看到一些对它的评价。选取几篇列在下面：

中国原创歌剧《拉贝日记》：用艺术抚摸历史脉搏

引言：柏林时间2019年7月6日晚，江苏原创歌剧《拉贝日记》音乐会版在约翰·拉贝先生的故乡——德国汉堡的易北河爱乐音乐厅演出。《拉贝日记》用歌剧的表演形式将约翰·拉贝先生在中国的故事演绎出来，受到欧洲观众的好评。

首演成功！原创歌剧《拉贝日记》凝结着爱的光辉，闪耀柏林

柏林时间7月3日晚，建于1742年的德国柏林国家歌剧院内首次唱响中国歌剧。来自江苏的原创歌剧《拉贝日记》把德国人约翰·拉贝的故事带回了他的家乡。拉贝先生的孙子托马斯·拉贝和部分当年国际安全区国际友人的后代应邀观看演出。中国驻德国大使吴恳，江苏省委常委、宣传部部长王燕文，多国驻柏林使领馆人员，《拉贝日记》作曲唐建平、导演周沫和舞美设计王晶以及欧洲、德国各界人士近1500人观看演出。柏林国家歌剧院是世界十大歌剧院之一，两百多年来，它一直是歌剧艺术最神圣的殿堂。菩提树大街上，《拉贝日记》的巨大条幅从剧院楼顶垂到地，格外醒目，路人纷纷留影。晚上7点不到，衣着得体、正式的德国观众向国家歌剧院聚集。晚上7：30，在指挥许忠的引领下，充满哀思、悲凉的序曲奏响，幕布开启，这个巴洛克式建筑内流淌起一股隐隐的悲伤。舞台上，日军铁蹄踏碎了南京的宁静，国殇之痛在激越的旋律中渐次铺陈。主演薛皓垠的演唱清亮而富有激情，徐晓英扮演的魏特琳哀伤而极富感染力，田浩江扮演的马吉深沉有力……

真实的历史画卷次第展开，艺术家们的精湛表演征服了古典音乐之都的观众。一剧终了，观众报以热烈的掌声。直到谢幕完毕，还有很多观众久久不肯离去。这一夜，跨越时空，穿越硝烟，无限缅怀，属于世界，属于和平。由江苏省委宣传部指导，江苏省文化投资管理集团、江苏省演艺

集团联合制作，江苏大剧院、江苏省演艺集团出品的原创歌剧《拉贝日记》本轮欧洲巡演就此启动，此行还前往拉贝出生地德国汉堡和“音乐之都”奥地利维也纳，总计5场演出。

中国驻德国大使吴恳与约翰·拉贝的孙子托马斯·拉贝上台致辞。中国驻德国大使吴恳说道:“今晚,是你们在欧洲的首场演出,我深深受到震撼。拉贝的故事我早就知道，你们用歌剧的方式传播了这个故事，我为之感动。今天来到现场观看的大多是德国人，你们用德国人喜闻乐见、耳熟能详的形式带来了拉贝先生对全中国人民的感动，充分展现了中国人的感恩之情，作为艺术使者，你们讲述了一个很好的中国故事和德国人的故事，这将使我们两个国家的人民进一步加深理解。”

约翰·拉贝孙子托马斯·拉贝表示，“这部歌剧的上演，对我的家族来说是极大的荣幸和鼓舞。你们通过演出所呈现的历史，是中国特别黑暗的时刻，对德国人来说也是值得记忆的历史。

我最早看到这部剧是两年前在南京，今天再次看到这部剧有很大的不同，深受触动，无论是音乐、舞美还有演员的表演都给我留下了极其深刻的印象。歌剧的内容和演员的对白都还原了历史的真相。我的祖父当时就是如此和日军统领进行交涉的，他们不能杀害在安全区的中国居民。这部剧在制作中对于历史的考究让我非常感动。而且音乐制作也用一种简洁有力的方式很好地帮助了故事情节的表达。图像的设计、故事情节的视觉化，我都很喜欢。我代表拉贝家庭的所有成员对剧组表示深深感谢。

祖父战后来到柏林，并且于1950年在这里因为中风去世，在这里他度过了人生最艰难贫困的时光。这部剧可以来到德国,来到柏林,我非常激动。

我们家族四代人都和中国有深厚渊源。我的父亲出生在中国，可以讲中文。我从 2001 年开始在北京做客座教授，在香港、南京、上海、北京等地有超过 10 年的妇科助产方面的专家咨询和医疗支援工作。2018 年我还获得了一个至高的荣誉，“中国友谊奖”。我的儿子可以讲中文，他认识 4000 多个汉字，可以写 2000 个，现在打算在北京学习国际经济。我们全家四代都和中国有着紧密的联系和深厚的感情。”

前任柏林伊斯兰文化博物馆馆长克罗，其父克里斯蒂安· 克罗格是拉贝并肩作战的战友，并与拉贝一同获得中国国民政府颁发的采玉勋章。

侵华日军南京大屠杀期间，克罗的父亲克里斯蒂安· 克罗格是安全区中的重要成员。作为历史亲历者的后人，克罗看完歌剧《拉贝日记》后惊叹不已，表示:“我将父亲留下的许多珍贵资料整理成档案，看完这部歌剧，我真的非常激动。”

德国北威州国际舞蹈博览会总监 Dieter Jaenicke 表示，自己研究过南京大屠杀的历史，以及同时期的德国历史，所以我很熟悉这部剧的故事。曾经有过《拉贝日记》的电影，而歌剧用另一种体裁展示了这个故事，也是很好的途径，可以让更多德国人了解这段历史。整部剧非常精彩，能把观众情绪调动起来，非常棒的乐团、歌唱家，合唱团可以让人屏住呼吸。

柏林工业大学大众传媒与传播学教授、历史学家冯黛绿（Prof. Dr. Barbara von der Luhe）表示，此前在南京生活过两年，对南京大屠杀的历史进行过专门的研究，还曾发表相关论文。这次前来观看《拉贝日记》歌剧版一是弥补了自己两年前在南京与之错过的遗憾；二是与自己的学术研究密切相关——剧中出现的场景她全部都实地走访过；三是基于自己与中国的情缘。“这场演出绝对不虚此行：配乐引人入胜、塑造的人物性格非常饱满。同时这也是一个不可多得的机会，让观众对那场可怕的历史悲剧有更多的了解。在我看来，这部歌剧对增进中德两国人民的理解起到了积极的推动作用。而德国主人公、中国演绎，这也是一种很有火花的搭配，中国艺术家充满张力的演唱震撼人心。”

观众克里斯托是一名医生，他表示作为一个德国人，这部剧让我非常感动。在这部剧里看到一个德国人可以如此救助人，我非常骄傲。我知道这段历史很久了，很高兴看到这个故事能变成歌剧，让更多的德国人看到。

江苏省文化投资管理集团负责该剧的创作生产，董事长盛蕾介绍，本次原创歌剧《拉贝日记》全新创排，组织欧洲巡演，最大的挑战是如何用艺术的方式“讲述一个真实的故事，表达中国人民的感激之情”。

“为了此次巡演，我们再度集结了一支优秀的国际化主创团队，涵盖作曲、编剧、指挥、导演、舞美、服装、灯光、多媒体等众多领域，充分释放文化交融中产生的创造力和融合力。通过先期在江苏大剧院、国家大剧院的两次演出，中外艺术家们通力合作，以欧洲观众对歌剧艺术水准和质量的期待，不断打磨，精益求精，将那段至暗时刻的历史和拯救生命的大爱，转化为具有美学高度的艺术化呈现，力争用‘国际表达’的手段，让‘中国故事’越讲越好。同时，我们此行还精心组织了《拉贝日记》背景资料图片展，展览涵盖了拉贝先生以及那段历史的翔实资料，在观演同时展示给欧洲的观众，使得大家能更好地理解剧情、了解那段历史。”

用艺术记录历史，用歌声吟咏未来。观众的掌声为人性之光、人道之爱而鸣，为中德友谊而鸣。让我们承载着传播爱与和平的使命，就此扬帆世界！[1]

南京恩人拉贝先生“回家”了：歌剧《拉贝日记》奏响德国

柏林时间7月6日晚，江苏原创歌剧《拉贝日记》音乐会版在约翰·拉贝先生的故乡——德国汉堡的易北河爱乐音乐厅演出。近两个小时的演出结束时，现场响起了持续近20分钟的热烈掌声，当地的民众被这部中国歌剧所感动。

原创歌剧《拉贝日记》此前刚刚结束在柏林国家歌剧院的演出。在该剧的欧洲巡演中，德国汉堡易北河爱乐音乐厅上演的是特别音乐会版，创作团队希望用更纯粹的歌唱和音乐向拉贝先生的家乡人传递这位“德国好人”故事的内涵和情感。

当年，27岁的德国商人约翰·拉贝离开故里前往中国时，他一定未曾想到，一个多世纪后，在家乡著名的音乐厅里，中国的艺术家们追忆着他的事迹，他所救助的中国人世世代代记着他的救命之恩。

中国驻汉堡总领事杜晓晖，江苏省委常委、宣传部部长王燕文和当地各界人士一起观看演出。在看完表演后，杜晓晖走上舞台与观众互动。他告诉当地观众：“中国是一个古老的国家，有恩必报向来是中国的传统，我们从来不会忘记曾经帮助过我们的朋友。曾经在南京大屠杀中救助了无数中国人的约翰·拉贝先生，就出生在离这座歌剧院不到3分钟路程的地方。今天，在这样一个音乐厅讲述发生在南京的故事，就是要告诉世界，对于南京的恩人，我们从未忘记。”

---

[1] 黎雨沁，首演成功！原创歌剧《拉贝日记》凝结着爱的光辉，闪耀柏林[EB/OL]．龙虎网，2019-07-05

德国波鸿鲁尔大学东亚系图书馆员、南京大屠杀史与国际和平研究院研究员邵华，出生在南京，已经在德国生活了将近30年。她特意驱车从鲁尔区赶到汉堡，聆听这场音乐会：“很震撼，很特别的形式。以音乐再现了当时的战争气氛，通过歌剧这一个德国人擅长的艺术形式来呈现中国元素，这正是一种文化的交融”。

德国汉学家石坤森博士在观看完演出后极为赞赏：“在学习汉学之前，作为德国人，我并不了解《拉贝日记》和这段历史。拉贝先生回国后曾试图公布影像文字资料，大约20年前，Erwin Wickert编辑了《拉贝日记》，德国人开始知晓他的事迹，后来拍摄了电影，饰演拉贝的是德国一位很有名的演员。这次能以音乐剧的形式在汉堡再现拉贝在中国的故事，非常有意义。”

这部由江苏省文化投资管理集团、江苏省演艺集团联合制作，江苏大剧院、江苏省演艺集团出品的原创歌剧《拉贝日记》，在奥地利维也纳罗纳赫剧院开启欧洲巡演的最后一站[1]。

中国歌剧《拉贝日记》欧洲巡演圆满收官

中国原创歌剧《拉贝日记》于2017年7月10日晚在奥地利维也纳完成第二场演出，本次欧洲巡演至此圆满落幕。

这部由江苏大剧院、江苏省演艺集团出品的中国原创歌剧从3日起开始欧洲感恩巡演之旅，先后在德国柏林、汉堡和奥地利维也纳公演，两国三城共5场演出广受当地观众和业内人士好评。

10日晚，在维也纳历史悠久的罗纳赫剧院，当《拉贝日记》演出结束时，

[1] 申冉，苏轩，南京恩人拉贝先生“回家”了：歌剧《拉贝日记》奏响德国[EB/OL]. 中国新闻网，2019-07-08.

现场观众全体起立，掌声如潮，全体演员一再谢幕，直到大幕徐徐合上。

德国人约翰·拉贝曾任西门子公司驻南京首席代表。“二战”期间，他不仅以日记形式记录了日本军队攻占南京后对中国平民的暴行，而且利用当时德国与日本的同盟关系，拯救了大批中国人的生命。中国艺术家用歌剧形式再现拉贝等国际友人英勇感人的人道主义故事，表达了中国人民对人道主义义举的诚挚感恩。

维也纳观众海伦娜·博文卡姆普对记者说，这部歌剧非常棒，除了完美的艺术表达，更让当地观众有机会从完全不同的视角认识“二战”历史。

维也纳演艺集团总裁弗朗茨·帕泰早年曾在中国从事过歌剧教学，他当年曾感叹“教中国人唱歌剧太难了”。“可是今天，他们竟然原创了这样一部歌剧，还这样专业，真令人吃惊！这是一部强有力的作品，有很强的感染力。”[1]

约翰·拉贝是生于汉堡市的德国商人，以其在 1937 年—1938 年的南京大屠杀期间的人道主义行为以及作为南京大屠杀翔实证据《拉贝日记》的作者而著名。第二次世界大战结束后，拉贝先后被苏联和英国逮捕。鉴于在南京时的功绩，得到国民政府每月金钱和粮食接济。由其本人所著的《拉贝日记》于 1997 年出版，并被译为中、英、日、德四种语言，被公认为是研究南京大屠杀事件数量最多、保存得最为完整的史料。

南京大屠杀是中国人永远不会忘记的一段历史，而拉贝先生作为外国人，在当时的国际环境下，不顾危险、奋不顾身地抗议和尽其所能地阻止侵华日军对中国人民施暴，为中国平民提供了避难所，他的博爱之情不仅

[1] 于涛，赵菲菲，中国歌剧《拉贝日记》欧洲巡演圆满收官 [EB/OL]. 人民网，2019-07-12.

感动了中国人，也感动了世界上向往和平的人。

《拉贝日记》将拉贝先生的故事和博爱之情用歌剧的形式展现出来，通过这样的形式和内容，起到了很好的文化交流和传播的效果。

《拉贝日记》首次欧洲巡演在维也纳收官，展现了中国原创作品的高水准，充满浓郁中国风的歌剧打动了欧洲观众。

《拉贝日记》通过歌剧这个形式和传播的内容，能够让维也纳的观众、欧洲的观众理解中国的文化，了解中国人的思维方式，中国文化的根、文化的理念。此外，这么多艺术家到欧洲的“文化之都”巡演，他们也可以从欧洲、从奥地利的文化艺术中汲取更多的营养，这对以后的交流、创作都会起到非常重要的作用。

创作团队的精良制作、歌剧演员的完美演唱，使得《拉贝日记》收获了一众好评。《拉贝日记》使得维也纳观众、欧洲观众对中国人民在“二战”期间所遭受的苦难有了更深刻的感受，对拉贝先生的博爱之心有了更深切的体会。

此次巡演让中国的歌剧艺术家能够吸纳国际声音、抚摸历史脉搏、探寻歌剧源头，于德奥两国获得艺术的启迪，并为中国的高雅艺术和中国的情感表达展示了更多的可能性。

地方在全球化中展现自身，一个城市向世界传达它作为地方的形象，需要通过城市文化记忆。这种独特的地方形象，实质是对于这个地方过去文化的凝练呈现。城市文化记忆指向的是当下的需求与利益，所以具有高度的选择性和建构性，可以说它是以当下为出发点进行的一场文化建构。这场建构需要借助机构化组织、媒介化载体和价值化判断来实现。建构性最重要的要求是可以让这个地方的文化得以延续，一个地方独特的文化记忆是这个地方的人们所共享和使用的集体记忆，是这个地方的人们以地方为对象，借由无数的个人记忆汇聚而成的。

执导歌剧《拉贝日记》巡演版的是美国芝加哥歌剧院和休斯敦大歌剧院驻院导演、旅美南京籍优秀青年歌剧导演周沫。作为在南京出生成长、学习立业于美国的导演，她希望借由这种国际友人“见证者”的视角，向全世界展现中国人在那个特定历史事件中的故事，“这是我们自己第一次原创、制作‘南京灵魂’的故事，对我而言也是一个‘铸根培魂’的过程。”[1]

舞台设计王晶则表示巡演版舞美设计，以“明代城墙的砖石”为舞台呈现的基本材质[2]，每一块城墙砖都是城墙的组成部分，就像南京这座城市里每一位普普通通的市民。此次舞美设计城砖成为了历史的见证者，它们是一块块有记忆的砖体，它们回忆了那段历史中人与人之间的大爱本能。

除了《拉贝日记》，江苏大剧院也在国家公祭日“以艺术铭刻历史，以音乐抚慰人心”，显示出了坐落在南京的这座大剧院的责任和担当。2021年12月13日，南京大屠杀死难者国家公祭仪式在侵华日军南京大屠杀遇难同胞纪念馆举行。以国之名，下半旗，为南京大屠杀死难同胞致哀，各界代表胸前佩戴白花默立。凄厉的防空警报声响彻南京城上空，举国默哀鸣号笛，肃然起敬祭英魂。虎踞龙盘今胜昔，经历了抗击疫情的坚韧，大家更对生命多了几分敬畏，愈发珍惜安定的可贵。公祭日当晚，在侵华日军南京大屠杀遇难同胞纪念馆，为逝者点亮烛火，江苏大剧院童声合唱团在“烛光祭”中吟唱“蚕豆歌”，这首曲子是为了感激拉贝的人道主义救援，

[1] 《创演团队集体亮相发布会，分享创作心得》，见微信公众号“江苏大剧院JSCPA”2019年4月25日。

[2] 王晶：《歌剧〈拉贝日记〉舞美设计浅谈》，《歌剧》2018年第5期。

麦卡勒姆牧师特意创作的，名为《南京难民合唱曲》，又叫“蚕豆歌”。烛光中，大家怀念遇难的同胞，亦怀念那些在黑暗中擎起一盏灯的国际友人。12 月 11–13 日，江苏大剧院以艺术抚慰人心，多部文艺作品接连演出，话剧《朝天宫下》、舞剧《记忆深处》、交响乐《和平颂》，以此为祭奠，助力观众铭记历史，珍爱和平。

2021 年 12 月 13 日，2021 年南京大屠杀死难者国家公祭仪式在侵华日军南京大屠杀遇难同胞纪念馆举行。以国之名，下半旗，为南京大屠杀死难同胞致哀，各界代表胸前佩戴白花默立。凄厉的防空警报声响彻南京城上空，举国默哀鸣号笛，肃然起敬祭英魂……虎踞龙盘今胜昔，经历了抗击疫情的坚韧，我们更对生命多了几分敬畏，愈发珍惜安定的可贵。公祭日当晚，在侵华日军南京大屠杀遇难同胞纪念馆，为逝者点亮烛火，江苏大剧院童声合唱团将在“烛光祭”中吟唱“蚕豆歌”，这首曲子是为了感激拉贝的人道主义救援，麦卡勒姆牧师特意创作的，名为《南京难民合唱曲》，又叫“蚕豆歌”。烛光中，我们怀念遇难的同胞，亦怀念那些在黑暗中擎起一盏灯的国际友人……12 月 11–13 日，江苏大剧院以艺术抚慰人心，多部文艺作品接连演出，话剧《朝天宫下》、舞剧《记忆深处》、交响乐《和平颂》，助力观众铭记历史，珍爱和平。

话剧《朝天宫下》讲的是抗战期间，北京故宫博物院的 1.3 万余箱国宝南迁，先是暂存上海法租界，后又运往南京朝天宫库房。南京沦陷前夕，文物再分三批西迁，直至 1947 年全部东归。这批中华文明的瑰宝历经十多年的颠沛流离，最终被完好守护，几乎无一损毁、遗失，堪称奇迹。腥风血雨的南京城，黑暗阴冷的地下库房，凶残贪婪的侵略者，手无寸铁的文物守护人……主创人员精心铺排，艺术性地把这个惊心动魄的历史瞬间展现在观众面前。江苏省文联主席、《朝天宫下》编剧、艺术总监章剑华说“话剧《朝天宫下》在公祭日演出，既是为了让我们永远记住这段悲痛的历史，同时也是为了弘扬中国人的抗争精神与爱国精神。”《朝天宫下》导演蔡向亮说：“在国家公祭日上演话剧《朝天宫下》，就像每个公祭日都要拉响的警报一样起到警示作用，让人们时刻警醒。只有不忘历史才能不忘初心，让历史昭示今天，让历史昭示未来。”主演郝光说：“公祭日，唤起人们对历史创伤的认知，坚定热爱和平的信念，这是对一个国家、一个民族的警醒之日。”

交响乐《和平颂》是有着“乐坛神笔”之称的著名作曲家赵季平历时五年创作而成的，是我国第一部用民族交响乐形式纪念国家公祭日的大型音乐作品，被誉为“当代民族交响乐坛上的空前盛事”“不同凡响的惊世之作”，作品自首演之后，如今已经化作“牢记历史、珍爱和平”的音乐符号，年年奏响在世界各地。曲谱上凝聚着历史的沧桑，丝竹间澎湃着和平的祈盼。一曲《和平颂》，警醒世人。闭眼倾听，大气磅礴是江河拍岸声里的金陵古韵；低沉哀婉是战争中人们对暴行的声声控诉；呼号激昂是不屈国人的英勇抗战；钟声是以史为鉴呼唤和平的心。

舞剧《记忆深处》由佟睿睿担任编剧、总导演，本剧从美籍华裔作家张纯如探寻南京大屠杀真相的角度切入，以探索 1937 年“南京大屠杀”惨案为线索，以惨案亲历者的回忆为主题，把目光投向大屠杀的亲历者们，呈现那些埋藏深处触及灵魂的记忆。在满目疮痍地狱般的日子里，从人们守望相助、舍身忘己、坚韧勇敢中，我们能够发现大量的爱。这部舞剧不以“美”为前提，而是以“真”为前提。编剧以相对独立又相互印证的篇章形成环环相扣的剧本，书写者（以张纯如为视角）、救护者（以拉贝和魏特琳为代表)、幸存者(以李秀英等人为原型)、日本兵(以东史郎等人为原型)等主要人物齐头并进，事件的发展和人物的心路穿插融合，每个篇章都是一场对话……每个角色的视线和初衷虽然不同，但最后都有同一个真相:以和平的名义，用这部作品，祭奠我们这个民族所经历的苦难与伤痛。

“地方”和“世界”都不是现成的和凝固的，两者都在文化相遇的辩证运动中不断生成与建构。它们是可以互相学习和对话的，它们之间是一种双向互动的过程。通过全球和本土的互动，江苏大剧院把自制的体现地方特色的歌剧《拉贝日记》呈现给世界，大剧院把南京带入世界城市全球文化交流的语境，不仅向世界展现南京这个地方的面貌，也向地方展现世界的面貌，同时也促进城市市民转向世界公民的认同。大剧院对艺术活动的安排与部署代表的是一种由政府主导的公共文化，大剧院的运营与文化实践，通过对文化价值理念的诠释转化、融合为权力意志所预设的城市意象及特色的文化资本，从而在快速的全球化和本土化相融过程中，引导市民从“江苏认同”走向“全球认同”“世界认同”。

第二节　政治、经济与文化

江苏大剧院可以被看成这个时代症候的一个索引。它是在南京这个城市建立的，它不仅仅是一个庞大的、宏伟的、吸引眼球的建筑物，同时也是消费主义、权力话语、意识形态等汇聚在一起塑造一个公共空间。它一方面为市民大众的公共生活、文化消费活动提供了一个平台，人们在这里消费，另一方面它又向权力话语敞开了意义的通道，作为一个政治与文化宣传的空间。

一、消费：市民与大剧院

（一）消费社会与闲暇时间

消费社会是西方现代工业社会进入中晚期时出现的一种社会形态，鲍德里亚对于消费社会是这样描述的“今天在我们的周围，存在着一种由不断增长的物、服务和物质所构成的惊人的消费和丰盛现象。它构成了人类自然环境中的一种根本变化。”[1]“消费社会”这个术语具有独特的社会学含义，它不是在一般意义上陈述人类为维持自身的生命存在而需要进行的吃喝拉撒睡等活动，而是说这些活动摆脱了它们的原始含义而成为维持资本生产的行动。因此，消费社会是工业社会的基本后果，工业社会指的是以工业方式不断扩张的为剩余价值而进行的生产结构，消费社会指的是当工业推动生产力达到“过剩”的程度，在市场作用下，消费不再是个体为维持生命存在和发展自己个性而进行的对物质生活资料的享用，而是普遍地成为对附着在商品身上的各种象征和符号价值的追求。从鲍德里亚的意义上来理解，消费文化是当代社会所特有的概念，它不是实际功用性的，而是一种充满“社会意义”的符号操纵行为。中国的城市化进程也处处体现出明显的消费文化特征，这样的特征也体现在南京这座城市的中高收入人群中。确切地说，消费文化对当代中国来说更具有意识形态性，是一种想象性的文化愿望和行为意志；当这种愿望变为大众普遍的“理想”并渗透到人的潜意识之中时，便为当代中国社会提供了一种价值导向。所以，可以说21世纪的中国是一个消费意识形态主导下的社会，江苏大剧院一定程度上为南京这座城市的人提供了这种价值导向。

---

[1] ［法］鲍德里亚著，刘成富、全志钢译：《消费社会》，南京大学出版社2000年版，第1页。

对于江苏大剧院日常生活的解读，“闲暇”是一个关键词，它是市民大众参与江苏大剧院文艺演出的前提，也是江苏大剧院所具有的文化特征。约瑟夫·皮珀在《闲暇:文化的基础》中将“闲暇”理解为“一种精神现象”[1]，按照皮珀的理解，闲暇活动主要是满足精神文化需求的活动，因此它与人的审美活动密切相关，从这个意义上说，江苏大剧院为市民大众提供了一种闲暇的生活状态。这表现在江苏大剧院的文艺演出满足了市民大众精神需求，在里面演出的传统戏曲、经典歌剧、芭蕾舞剧、当代话剧、交响乐等高雅艺术形式的出现，可以提高观众的审美水平和生活质量。然而，在日常生活中，闲暇享受并不是孤立的精神状态，它必然和日常生活中实际的物质世界、生活世界紧密相关，在消费社会中，它必然反映了人们的社会阶层和地位，并通过行动和生活中可以看得见的消费行为具体呈现出来。可以说,在江苏大剧院进行的闲暇活动是一种“中产阶级”的闲暇,它是身份、地位和某种“价值”的象征。尽管现在人们的生活水平已经有了大幅提升，但江苏大剧院的演出票价并不便宜，而且其中的每场演出会根据座位不同的观演效果制定多种票价，观众在一个剧场中坐在什么位置观剧某种程度上表征了他在社会上的经济能力，身份地位。

（二）经济效益 vs 社会效益

对于江苏大剧院来说，它本身并不是完全盈利的，它处在追求经济效益和社会效益之间,介于雷蒙·威廉斯所分的“保护人制”和“市场制”之间。江苏大剧院运营的资金主要来自这样几个方面:（1）运营成本补贴。由省财政通过购买公共文化产品和服务的方式给予扶持，在大剧院运行维护、

[1] ［德］约瑟夫·皮珀著，刘森尧译：《闲暇：文化的基础》，新星出版社2005年版，第40页。

重大作品创作生产、免费开放、惠民演出、艺术普及、人才引进等方面给予适当补贴；同时对大剧院综艺厅会议中心的运行维护给予适当补贴；（2）专项资金的补贴。由省委宣传部和省文化和旅游厅通过政策优惠、资金投入、联合出品等方式支持大剧院的艺术生产。大剧院自身也围绕艺术创作、艺术普及、演出经营等项目，积极申请国家艺术基金、中央文化产业发展专项资金等支持和省教育厅、省经信委、省科委、省商务厅等部门的项目支持经费；（3）大剧院基金支持。江苏大剧院有一个艺术基金，它是由省财政先期注入一定规模的本金，并出台优惠政策，然后吸纳社会资金支持大剧院发展，引导海内外关心江苏文化艺术的团体、企业和个人对剧院艺术创作、演出运营、国际交流、传承保护、培养人才等的捐赠、资助和支持。（4）产业运作反哺。这是发挥大剧院产业平台的功能，在文化科技、文化创意、文化金融、文化旅游等产业融合上创新拓展市场，涉足新领域、发展新业态、探索新路径、构建新模式，使得大剧院产业生态丰富。

正是因为得到这么多的支持，江苏大剧院才有实力为树立自己"人民性"的形象经常推出一些优惠的票价，进行它的社会表演。我看到有一次江苏大剧院对《青衣》的票做了一个营销方案：

票数	途径
50张	江苏大剧院JSCPA微信公众号
20张	江苏大剧院JSCPA官方微博
20张	梨园漫步口播宣传
30张	给南京印象做粉丝福利帮我们推音乐会

续表

票数	途径
20张	给西祠做粉丝福利帮我们推黄梅戏
50张	营销部客户维护给孟部长安排
50张	大剧院会员卡用户福利
20张	推广部送媒体

从中可以看出江苏大剧院既要用来做客户维护，又要和媒体打好关系，还要给一些帮自己推广的粉丝提供福利，可以说要兼顾各方利益，这些维护自己口碑和形象的打算是一种长远发展的方法，它比暂时的经济效益要重要得多。

2018 年 11 月 22 日至 12 月 4 日江苏大剧院举办的“江苏大剧院· 马林斯基剧院艺术节”中有三场普契尼的歌剧《托斯卡》。12 月 2 日的晚上那一场，江苏大剧院采用了“先看剧，后买单”这种实验性的售票方式，很多媒体争相报道这个具有实验性的操作。首先，想看这场歌剧的观众，可以在 11 月 22 日上午十点之后到票务中心登记领票，演出凭票入场。《托斯卡》演出结束后，观众可以通过扫描门票上的支付码支付自己心中认可的票价。江苏大剧院项目负责人说:“最大可能地将社会各阶层群众，吸纳进剧院，最直观地感受世界级艺术作品的魅力，传播文化艺术力量。这是一个新的尝试，我们希望可以通过这次尝试了解观众的口味，更明确观众对此类演出心理价位的范围，对剧院未来的工作有很好的借鉴意义，希望可以有更多观众来参与到这场演出之中，每个观众，都有给演出评分的权利，江苏大剧院希望得到大家真诚的评价。”这是官方的说法，事先排练过的说法。如果用戈夫曼的前后台理论来说，这是“前台”，而后台是怎样的呢？事实上，《托斯卡》的票房非常不理想，后来营销推广部的朋友们觉得与其卖不出票，不如搞个“先看剧，后买单”的活动，能收到多少票房就算多少，肯定要比卖不出票强。另一方面，还可以树立江苏大剧院的形象，获得某种象征资本。所以采取了这种实验性的方法。最后，收到的票房确实很不理想，营销推广部的朋友们没有把具体数字跟我说。但最起码这个事件，让江苏大剧院获得了一些口碑。放弃一时的经济效益是为了剧院更加长远的发展。

二、政治属性

第二章江苏大剧院的呈现中说到大剧院是权力的空间生产物，城市治理者在对大剧院行政意义上的总体部署规划、地理位置选择、剧院外观设计等进程中运用自己的权力。另外，剧场的“生产实践”也可以表征大剧院的“政治性”属性。这主要体现在演出活动规划的宗旨，艺术文化活动如何安排，艺术文化活动中传达本土市民共同的文化价值、理念、认同和归属，以及大剧院在生产与再生产实践中被分配的文化资本与权力等等。

在江苏大剧院的日常那一章，已经说过剧目的引进，从中可以看出观众可以看到什么艺术作品是被决定的，中间有很多把关和审核，最后呈现到观众面前的经过层层过滤的东西。

省文投集团董事长梁勇在《把江苏大剧院建成一流艺术殿堂》中明确说：“艺术的殿堂是弘扬核心价值观的殿堂。舞台人生，明是非及善恶；人生舞台，辨妍媸与奸忠。弘扬核心价值观、凝聚精神动力、鼓舞人民群众是江苏大剧院作为全省最大文化设施的必然要求，也是大剧院应当肩负的庄严和神圣使命。大剧院将积极承办江苏文化艺术节，落实丝绸之路论坛和剧院文化论坛，策划‘一带一路’文化展演相关活动，通过一系列具有积极意义的演出节目高扬主旋律，传承中国梦、唱响中国梦。通过丰富多彩的艺术演出、内容广泛的艺术普及、创新发展的产业运营，展现自身的高雅、亲民、文艺、创新的品牌形象。积极利用智能化、大数据手段，分析观众需求，为节目引进和剧目制作提供参考，通过优质的文化供给，传达先进的思想、理念、道德观念和价值标准，让观众的观演感受从艺术体验上升到精神愉悦。”可以看出，江苏大剧院把它的政治性意涵放到了一个非常明显也非常重要的位置。

2019 年 4 月开始庆祝新中国成立 70 周年、江苏省基层院团优秀剧目展演在江苏大剧院举行，有这样一些剧目：

庆祝新中国成立70周年			
江苏省基层院团优秀剧目展演			
4月12日	《母亲》	梆子戏	江苏梆子剧院
4月16日	《国鼎魂》	苏剧	苏州市苏剧传习保护中心
4月19-20日	《九九艳阳天》	音乐剧	镇江市艺术剧院
4月28日	《金杯·白刃》	淮剧	射阳县淮剧团
5月3日	《清清骆马湖》	柳琴戏	宿迁市柳琴剧团
5月6日	《锡商》	锡剧	无锡市锡剧院
5月10日	《乌衣巷》	越剧	南京市越剧团
5月15日	《一个不能少》	黄梅戏	盱眙县黄梅剧团

续表

5月24日	《张謇》	话剧	南通艺术剧院
5月27日	《陈奂生的吃饭问题》	滑稽戏	常州市滑稽剧团
5月30日	《鹤舞云天》	京剧	江苏省长荣京剧院
6月12日	《淮海儿女》	音乐剧	徐州市歌舞剧院
6月16日	《好人俞亦斌》	锡剧	无锡市惠山区文体局、惠山区锡剧艺术传承中心
6月19日	《王继才》	淮海戏	响水县淮海剧团
6月28日	《板桥应试》	淮剧	泰州市淮剧团
7月6日	《卿卿如晤》	锡剧	常州市锡剧院
7月9日	《风雪夜归人》	昆剧	江苏省苏州昆剧院
7月14日	丹剧《岳贡缘》	江苏地方戏曲小戏组台（一）	丹阳市戏剧总团
7月14日	海门山歌剧《淘米记》	江苏地方戏曲小戏组台（一）	海门山歌艺术剧院
7月14日	通剧《钟馗戏蝶》	江苏地方戏曲小戏组台（一）	南通市通州歌舞团（通剧团）
7月14日	苏剧《花魁记·醉归》	江苏地方戏曲小戏组台（一）	苏州市苏剧传习保护中心
7月14日	沪剧《老板挑担》	江苏地方戏曲小戏组台（一）	太仓市文化馆

续表

7月17日	吕剧 《二月里来》	江苏地方戏曲小戏组台（二）	东海县吕剧团
7月17日	童子戏 《恶媳善变》	江苏地方戏曲小戏组台（二）	连云港市曹艳玲童子戏剧团
7月17日	黄梅戏 《女驸马》	江苏地方戏曲小戏组台（二）	盱眙县黄梅剧团
7月17日	泗州戏 《信仰》	江苏地方戏曲小戏组台（二）	泗洪县泗州戏剧团
7月17日	四平调 《茶瓶记》	江苏地方戏曲小戏组台（二）	丰县曹秀珍四平调剧团
7月17日	《史可法 —— 不破之城》	扬剧	扬州市扬剧研究所

这些作品非常意识形态。有秉持“在扶贫路上，不落下一个贫困家庭，不丢下一个困难群众”的精神,讲述基层领导人秉持共产党员本色、坚持“精准扶贫”政策、实现共同富裕梦想的现代黄梅戏《一个不能少》；有将雨花英烈精神和铁军精神通过京剧的艺术形式进行演绎，弘扬三个精神，不忘初心、牢记使命的红色题材艺术作品京剧《鹤舞云天》；2018 年，是淮海战役胜利七十周年。淮海人创造了淮海战役人民支前的伟大壮举，为纪念他们用生命书写的革命战争的篇章有恢宏的原创音乐剧《淮海儿女》；责任重于泰山，让人日夜坚守，大型淮海戏《王继才》根据王继才夫妇的真实事件和情感生活创作，旨在颂扬英雄的品格，弘扬英雄的爱国主义精神；锡剧《好人俞亦斌》以真实故事改编，讴歌了共产党员的高尚品质和奉献精神；还有获得 2018 年江苏紫金文化艺术节“优秀剧目奖”，作为江苏省唯一大戏参加 2018 年中国戏曲百戏盛典参演剧目，入选 2019 年国家艺术

基金的大型舞台剧创作扶持项目和全国舞台艺术重点创作剧目的滑稽戏《陈焕生吃饭问题》，以小人物的视角再现改革开放 40 年的伟大历程。

这些戏剧有社会风尚教育的作用。红色经典闪耀着人性的光辉还有更多经典之作折射着人性情感的曲折。越剧《乌衣巷》讲述了乌衣巷内王氏兄弟之间因情生变、让人追悔的手足情谊；淮剧《板桥应试》以郑板桥取仕之路遭遇的考验为主线，展现他的高洁之姿与精神世界；锡剧《卿卿如晤》则以革命志士林觉民写下的《与妻书》为意象，展现他在革命与爱情之间的艰难抉择，流淌着他对国家、民族、爱人深深的情意……根据吴祖光先生同名话剧改编创作的昆剧《风雪夜归人》，讲述了民国京昆乾旦（男旦）艺人魏莲生和玉春追求尊严与自由的苦涩历程。中国人民的精神气节在历史中浩荡长存。扬剧《史可法—不破之城》以史可法誓死守卫扬州城的英雄事迹展现其英勇不屈、保家卫国的气概；话剧《张謇》描绘了晚清“状元实业家”张謇在国家深陷内忧外患的大背景下“实业救国”的奋斗不易。

这些戏剧都有着歌颂、树立模范的典型意义，具有教育的作用。这是艺术的工具性的表达，江苏大剧院为这种教育提供了一个宣传的场地，也参与了宣传和教育。而大剧院的营销推广部早就预测到了这类戏剧必定票房不佳，所以采取让会员免费领票的方式免费看戏。

我访谈了一个南大的硕士生，因为她的专业是戏剧，所以经常会去江苏大剧院看戏。我问她在学校的黑匣子剧场、恩玲剧场、张芯瑜剧场看戏和在江苏大剧院看戏有什么区别？她说在学校的剧场里看戏，学生素质高，所以纪律好，观影体验很好。在江苏大剧院的观影体验也很好，但这不是观众的自觉，而是有很多工作人员的监督。（访谈时间：2019 年 5 月 28 日中午，地点：和园门口）

虽然，从现实的层面来讲，这种监督是有必要的，它反映了一个城市的人们的素质，是城市文明建设必需的，但是也在其中反映出了大剧院对于观众的一种控制，甚至希望这种控制被内化。

三、文化治理

托尼·本尼特有一个“文化治理”的概念，意思是文化是一种治理的工具。“文化被构建为既是管理的对象又是管理的工具：就对象或目标而言，术语指涉着下层社会阶级的道德、礼仪和生活方式；就工具而言，狭义文化（艺术和智性活动的范围内）成为对道德、礼仪和行为符码等领域的管理进行干预和调节的手段。”[1] 托尼·本尼特把文化看作一系列通过历史特定的制度形成的治理关系，目标是为了转变广大人口的思想和行为，这部分地是通过审美智性文化的形式、技术和规则的社会体系实现的。

城市的管理者、规划者会把“文化治理”认为是政府行政权力体系对文化艺术资源进行配置以及通过文化对人的“濡化”作用来影响这个城市居民日常生活的价值和理念。虽然，对城市主政者来说，“文化治理”是一个没有具体施政标准的概念，但是它既可以发展城市，提高城市知名度和文化地位，也可以治理城市。

这种“文化治理”策略本质上是围绕着人们的情感投入和情感认同的焦点来运转的，它以柔性化与弹性化的治理策略和一种更能深入到内心的“治理心态”进行城市治理，从而在哈贝马斯的“公共领域”和“沟通理性”之外，注入人的情感、审美和感动等人文元素，让个人的情感经验在这个场域中自由流动，通过人文理性的公共沟通模式进入城市文化治理空

---

[1] ［英］托尼·本尼特著，王杰、强东红等译：《文化、治理与社会》，东方出版中心 2016 年版，第 210 页。

间，从而给予这个城市的人们更为广阔、自主的日常生活空间。把艺术构建成影响社会的工具，它的机制依赖的是它可以实现一种内在转变的能力，这会引起行为方式的改变。

对于城市管理者来说，通过大剧院外观形象的塑造以及内部的运营行销来展示大剧院的形象，从而表现这个城市健康发展的形象，再通过新闻媒体各种大量的、正面的报道，又给这个大剧院和这座城市带来高度的声望，从而可以引导居民对城市的认知和认同。城市管理者关注的是：一个成功的剧院不仅是这个城市的文化标志，而且超出其剧场的功能价值，给城市带来文化价值和旅游商业附加价值，提升城市的文化经济效益，从而促进地方文化产业的发展。

综上所述，从江苏大剧院身上可以看到政治、经济和文化的一种结合或者说统一。在中国，其实不存在经济和政治、市场和国家之间的截然分离，三者紧密相连。正如陶东风所说："一方面，中国的政府行为，包括政府的文化管理，因资本与市场因素的卷入而不同于计划体制的时代；但是同时，也可以反过来说，中国原有国家权力结构与政府行政体制的延续，同样也使得中国社会自改革开放以来出现的各种现象，包括资本与市场的运作、经济与文化的市场化之路，深深地受制于原有的国家权力结构与政府行政体制，而且这种体制的延续性以及它的作用绝对不可能很快消失。……在中国式市场经济以及相应的文化市场化启动之后，文化市场在一定程度上参与了文化资源与文化资本分配，使得原先的二元格局（国家—文化）演变成三元格局（国家—市场—文化）。"[1]

---

[1] 陶东风：《社会转型与当代知识分子》，上海三联书店 1999 年版，177-178 页。

第三节　人的能动性

在南京这座城市中的人对江苏大剧院有多少能动性则是一个值得探讨的问题。在江苏大剧院上演的剧或者音乐会一定程度上引领了大众的审美，大众并没有参与剧目的引进过程中，是一种被动接受，但也不能全然被看作被动接受，江苏大剧院的节目要售票，所以会考虑南京这个地方观众的接受，比如它每年都会引进芭蕾舞剧《天鹅湖》，工作人员告诉我是因为南京观众很喜欢《天鹅湖》。现在是自媒体时代，网络的发达，使得观众随时都可以在网上发表自己的观点和看法，一场戏结束，江苏大剧院的工作人员会很在意观众对这个剧目的评价。观众是剧场表演的一个有机组成部分，在剧场空间中，观众始终参与对戏剧内在品性的阐释、品评和仔细审查。法国戏剧家沙塞提出“无观众无戏剧”(no audience，no play)，在 1876 年发表的《剧场原理》这篇论著中，他强调剧场里一个最不能忽视的事实就是观众的到来，根本无法想象一部没有观众的戏剧。但是，观众对剧院的影响最多就是集中在买不买票来看戏这件事上，比如在 2018 年 11 月 22 日到 12 月 4 日江苏大剧院举办的“马林斯基剧院艺术节”期间，芭蕾舞剧《天鹅湖》票房很好，热度很高，但是歌剧《托斯卡》的票房情况很不理想。所以，江苏大剧院的工作人员为此反思“南京这座城市需不需要歌剧？”这个问题。很多时候，观众又是盲目的，会受到媒体等传播媒介的影响，一个戏宣传做得到不到位，对观众的影响非常大。

一个城市中的居民的品位对这个城市的大剧院的剧目选择多少确实有点影响，但是，人们如果试图通过消费来改变大剧院、重塑这个城市，则是不切实际的。因为一个城市中的人由无数的个体组成，大部分个体都是处于默从的状态。另外一方面，如前所述，当代社会是一个消费社会，消费较之于生产处于优先性的地位。现代消费已经不再是传统之维持个体生命需要的物质资料的享用和消耗，相反，由现代经济结构塑造的商品符号价值至关重要地成为决定消费活动的主要力量，所以，消费社会问题与意识形态问题紧紧地联系在一起。虽然消费社会这种提法在20世纪50年代才开始流行起来，但早在20世纪40年代中期，法兰克福学派以美国作为原型便提出了对消费社会的批判。以文化产业为例，霍克海默和阿道尔诺强调，在现代经济逻辑支配下，技术合理性演化为支配（统治）合理性，这使得文化丧失了其先前的教化、美学和自我反思的能力，变成了对现实的粉饰和辩护[1]。最初，霍克海默和阿道尔诺基于马克思政治经济学批判来揭示当代资本主义生产的后果，不过，他们的启蒙辩证法思想却在传播过程中逐步演变成意识形态批判。20世纪60年代以后受其影响的各种激进思潮大都转向了对文化风格的批判，特别是“后现代主义”这个术语所引领的都市文化研究，最终都倾向于把当代城市问题理解为一种意识形态问题[2]。诚然，经济、政治和文化结构实质性地改变了人们日常行为的意义，也改变了人生存于中的环境的性质，“消费社会”所提出的问题无疑是十分真实的。要从“集体消费空间单位”角度来阐明城市的意义所在，并因此试图通过消费者主权来重塑城市，使其重新散发出理想的光辉，在实践上则是不可能的。

[1] ［德］马克斯·霍克海默、西奥多·阿道尔诺著，渠敬东、曹卫东译：《启蒙辩证法》，上海人民出版社2006年版，第107-152页。

[2] 克拉克对这个问题的概括性分析具有代表性。参阅David B. Clarke, The Consumer Society and the Postmodern City, London: Routledge,2003.

当然除了“演出”和“观看”之外，大剧院也会开展一些活动，让很多人参与进来，比如艺术普及活动，以及给大学生提供实习和做志愿者的机会，但是这些活动中的参与者有多少能动性是值得商榷的，很多时候是抱着感恩的心态，感谢江苏大剧院给了他们这个机会，毕竟它具有某种意义上的文化上的权威性。比如马林斯基剧院艺术节期间，南京大学俄语系的研究生王越璠作为志愿者参与了这个艺术节的翻译工作。戏剧节之后，她说：

装台期间，我们与俄方的技术人员同吃、同住，朝八晚十。超负荷的工作并没有打消我们的工作热情，反而让我更加深刻地体验到了幕后的辛苦与付出，我也从他们身上学习到了很多。我们经常会聊起的就是——为什么会进入剧院工作。虽然每个人的故事各不相同，但是他们都告诉我：年轻时就是要多尝试，不要贪图安逸，也不要随波逐流，要找到自己的兴趣所在，这样就算工作再辛苦也不会怀疑自己的选择。他们也教会我平凡不代表不重要，幕后依然精彩。幕后的技术人员、幕后的合唱团，乐池里的乐手，虽然没有灯光照耀在他们的脸上，但他们依旧是不可或缺的人。

全天候浸泡在俄语环境中，给我留下了许多难忘的糗事和欢乐。这段时间我认识了一群认真工作、能力优秀的俄语人，也和可爱的技术人员结下了深厚的友谊，他们让我对俄语的热情更加高涨，也让我对剧院工作有了大体的了解，为未来的职业选择多留出了一个方向。

于我而言，马林斯基剧院艺术之旅以接机开始，送机结束。回眼望去，留下的全是满满的美好。记录，是回忆亦是动力；尾声，是总结亦是起点。希望我们都能成为更加坚定的自己，不再迷茫，勇敢前行。

2019年的清明节，江苏大剧院组织它的童声合唱团70名团员代表南京市少先队员参加“江苏省暨南京市举办青少年凭吊革命先烈活动”，让这些儿童去雨花台烈士纪念碑唱歌，目的是让这些小朋友“从小践行社会主义核心价值观，争做担当民族复兴大任的时代新人。”为了说明这个活动受到认可，江苏大剧院采访了童声合唱团的团员和家长，让他们表达一些看法。

团员的感想：

我们在纪念碑面前，系着红领巾，用歌声代表我们炽热的心，用歌声报答先烈们为我们铺下的美好生活，我们会以革命先烈作为榜样，用歌声唱出精彩，用歌声展现新时代少先队员的飒爽英姿！

家长的心声：

凭吊活动不仅仅是对孩子们的一种激励，更是在教会孩子如何做人。感谢江苏大剧院提供了这样一次机会，让孩子们不仅是在艺术方面，在道德方面也能卓越发展，这对孩子的成长有着重大的意义。[1]

从上述的两个例子可以看出，由于政治、经济和文化三者的紧密联系，这个城市中的人要体现自己的能动性非常艰难，即使是在消费这个领域也被控制了。列斐伏尔在1968年出版的《现代世界的日常生活》中，提出“消费被控的官僚社会”(the bureaucratic society of controlled consumption)这个说法。在他看来，这个社会的理性特征是同时由以下因素定义的：其理性（官僚制）的界限，其组织（替代了生产的消费）的对象，它发挥的作用以及建立在其上的日常生活。在他看来，20世纪60年代，当消费替代了生产，

[1]　《江苏大剧院童声合唱团清明节，为革命先烈献唱队歌》，见微信公众号“江苏大剧院JSCPA”2019年4月5日。

日常便处在计划之中，通过间接的日常生活机制来控制社会。结果是，日常生活成为一个屏幕，我们的社会计划将自身的光影、空洞和平庸、暴力和虚弱投射其上；政治和社会行为纠缠在一起使其成为一体，获得结构和功能[1]。

[1] Henri Lefebvre, Everyday Life in the Modern World, New York:Harper&Row,Publishers,1971,pp60-65.

参考文献

[1] 包亚明主编．后现代性与地理学的政治 [M]. 上海：上海教育出版社，2001.

[2] 包亚明主编．现代性与空间的生产 [M]. 上海：上海教育出版社，2001.

[3] 许纪霖主编．帝国、都市与现代性 [M]. 南京：江苏人民出版社，2006.

[4] 杨子．表演上海：剧场空间与城市想象 [M]. 上海：上海人民出版社，2016.

[5] 汪民安．文化研究关键词 [M]. 南京：江苏人民出版社，2007.

[6] 陈平．剧院运营管理 国家大剧院模式构建 [M]. 北京：人民音乐出版社，2015.

[7] 陶东风．社会转型与当代知识分子 [M]. 上海：上海三联书店，1999.

[8] 肖玫钰．中国当代大剧院的经营管理 [M]. 北京：文化艺术出版社，2020.

[9] 卢向东．中国现代剧场的演进——从大舞台到大剧院 [M]. 北京：中国建筑工业出版社，2009.

[10] 廖奔．中国古代剧场史 [M]. 北京：人民文学出版社，2012.

[11] 李畅．永不落幕 [M]. 北京：中国戏剧出版社，2012.

[12] 李小菊．四戒斋剧品 [M]. 北京：中国戏剧出版社，2020.

[13] 顾明远主编．教育大辞典［M］．上海：上海教育出版社，1998.
[14] 芒福德．城市发展史——起源、演变和前景［M］．宋俊岭，倪文彦，译．北京：中国建筑工业出版社，2005.
[15] 德波．景观社会［M］．张新木，译．南京：南京大学出版社，2017.
[16] 莫里森．表演技巧［M］．胡博，译．北京：中国戏剧出版社，2003.
[17] 诺拉．记忆之场：法国国民意识的文化社会史［M］．黄艳红，译．南京：南京大学出版社，2015.
[18] 阿斯曼．文化记忆：早期高级文化中的文字、回忆和政治身份［M］．金寿福，黄晓晨，译．北京：北京大学出版社，2015.
[19] 段义孚．恋地情结［M］．流苏，译．北京：商务印书馆，2018.
[20] 鲍德里亚．消费社会［M］．刘成富，全志钢，译．南京：南京大学出版社，2000.
[21] 皮珀．闲暇：文化的基础［M］．刘森尧，译．北京：新星出版社，2005.
[22] 谢克纳．什么是人类表演学［J］．戏剧艺术，2004(5).
[23] 本尼特．文化、治理与社会［M］．王杰，强东红，等，译．上海：东方出版中心，2016.
[24] 霍克海默，阿道尔诺．启蒙辩证法［M］．渠敬东，曹卫东，译．上海：上海人民出版社，2006.
[25] 诺伯特-舒尔茨．建筑——存在、语言和场所［M］．刘念雄，吴梦姗，译．北京：中国建筑工业出版社，2013.
[26] 哈维．希望的空间［M］．胡大平，译．南京：南京大学出版社，2006.

[27] Harvie J. Theatre & the City[M]. Hampshire: Palgrave Macmillan, 2009.

[28] Singer M. When a Great Tradition Modernize[M]. New York: Prager, 1972.

[29] Schechner R. Performance Studies[M]. New York: Routledge, 2002.[30] Turner V. The Anthropology of Performance[M]. New York: PAJ publications, 1987.

[31] Relph E. Place and Placeless[M]. London: Pion Limited, 1976.

[32] Clarke D B. The Consumer Society and the Postmodern City[M].London: Routledge, 2003.

[33] Lefebvre H. Everyday Life in the Modern World[M]. New York: Harper & Row, Publishers, 1971.

[34] 卢向东．中国剧场的大剧院时代 [J]. 世界建筑，2011(1).

[35] 姜琳琳．剧院由物业向市场突破转型 [N]. 北京商报，2015-08-13.

[36] 吴光恒．新媒体舆论引导下的〞把关人〞角色嬗变 [J]. 武汉理工大学学报（社会科学版），2018(1).

[37] 范可．“再地方化”与象征资本——一个闽南回族社区近年来的若干建筑表现 [J]. 开放时代，2005(2).

[38] 范可．“申遗”：传统与地方的全球化再现 [J]. 广西民族大学学报（哲学社会科学版），2008(5).

[39] 王晶．歌剧《拉贝日记》舞美设计浅谈 [J]. 歌剧，2018(5).

[40] 张亚丽. 第二代上海兰心大戏院史料拾遗[J]. 艺术教育, 2014(7).
[41] 汉德尔曼. 仪式——壮观场面[J]. 国际社会科学杂志, 1998(3).

后　记

建筑和权力之间的关系很近，江苏大剧院的外形设计具备作为江苏标志性建筑的特征，而且它拥有齐全的舞台机械设施，完备的舞台功能和先进的声学设计。通过江苏大剧院的形象，政府希望展示给外在的是一个先进、发展与现代的城市意象。

大剧院除了它的建筑是一种形象的展示，它日常的运转，包括剧目引进、营销推广、剧目制作都可以放到广义的社会表演的范畴，通过这些日常的行为，也可以看出它意图在社会上营造出一个怎样的形象。在大剧院的日常运转中，内容生产在当下这个全球化的时代显得尤为重要，它要制作那种带有独特的地方性的剧目，展示一个城市的地方精神，或者说“场所精神”。“场所精神”这个词是挪威学者诺伯特·舒尔茨（Norberg-Schulz）在 20 世纪 80 年代提出的。诺伯特－舒尔茨说：“如果没有对场所精神的认同，一个人也无法融入场所，甚至，如果没有对场所构建特征的记忆，也不可能体验到归属感。”[1] 地方是不同人群在自己的生活中创造的可识别空间，它体现了环境与人的统一性，及人类经验的整体性，这也决定了地方必然是文化上和心理上的一个结，它是记忆的载体和意义的源泉。从江苏大剧院自制的歌剧《拉贝日记》这个例子中可以看出大剧院有意把舞台建构成一个记忆的场所，来展示它独特的地方性。通过《拉贝日记》的巡演，大剧院把南京带入世界城市全球文化交流的语境。

江苏大剧院可以被看成这个时代症候的一个索引。它是在南京这个城

[1]　[挪威] 克里斯蒂安·诺伯特－舒尔茨著，刘念雄、吴梦姗译：《建筑——存在、语言和场所》，中国建筑工业出版社 2013 年版，第 44 页。

市建立的，它不仅仅是一个庞大的、宏伟的、吸引眼球的建筑物，同时也是消费主义、意识形态等汇聚在一起塑造一个公共空间。

江苏大剧院是一个主流意识形态定义的空间。它的内容很单一，比如它很少会选取一些实验戏剧、先锋戏剧来上演，它的剧目引进一般是很保守的，要符合社会主义核心价值观，至少不违背，倾向于那些口碑好的、经典的剧目。它举办的活动也基本是扫盲性质的、科普性质的，面向的群体大部分是老人和儿童。它没有呈现出一个公共领域该有的模样。城市治理者对城市文化的架构和规划，应该要使江苏大剧院成为一个更为广阔多元、包容开放的城市空间。这个场域不应该仅仅是文化政治的展演之地，而应该让各种不同的立场发出自己的声音。所谓的“人民性”不应该只是有一些优惠的票价，而是应该让城市中的人可以在这个公共空间中找到个人，找到隐没在日常的同构型秩序下的主体性、为自身的存在建构意义。让个人（不管是大剧院内部的工作人员还是外部的观众）能发挥出创造力和能动性。这才是真正能体现一个城市的场所精神的大剧院，才是全球化时代的现代的大剧院，这样才能营造出一个大卫·哈维所谓的“希望的空间”。